LE JAZZ BAND DE GOEBBELS

www.editions-jclattes.fr

Demian Lienhard

LE JAZZ BAND DE GOEBBELS

Traduit de l'allemand
par Pierre Deshusses

JC Lattès

Titre de l'édition originale
MR. GOEBBELS JAZZBAND
publiée par Frankfurter Verlagsanstalt

Avec le soutien de la Fondation suisse pour la culture Pro Helvetia.

Conception graphique : Florine Synoradzki
Illustration : Giordano Poloni, Colagene, Paris

ISBN : 978-2-7096-7368-6

Cette édition a été publiée avec l'accord de Literarische Agentur Gaeb & Eggers, Berlin, et son agent attitré Books And More, Paris, France.

Première édition janvier 2025.

« The one duty we owe to history is to rewrite it. »

Oscar Wilde

PREMIÈRE PARTIE

« Tout homme est un gouffre,
on a le vertige quand on regarde au fond. »

Georg Büchner

Berlin, 1940

Au-dessus du Reich, au-dessus de la capitale, au-dessus de Berlin brillait ce matin-là un soleil typiquement allemand dans le ciel immaculé : large et mafflu, il trônait au-dessus du monde avant même d'avoir atteint son zénith, inondant tout d'une telle splendeur jaune couleur de soufre qu'il était difficile de ne pas tomber en extase.

La journée s'annonçait exceptionnellement chaude pour la saison. Presque aucun souffle de vent, c'est à peine si l'on sentait ici ou là une légère brise. Les immenses drapeaux à croix gammée pendaient le long de leur mât, comme satisfaits de leur ampleur immobile.

Sur l'avenue Unter den Linden, dans la Leipzigerstraße et la Wilhelmstraße ainsi que dans les rues adjacentes, ce qui correspondait en gros au quartier des ministères, tout allait bon train. Des fonctionnaires élégants se rendaient d'un pas alerte de bureau en bureau, des secrétaires coquettement vêtues passaient d'un trottoir à l'autre, des voitures de fonction et des taxis noirs aux reflets transparents se faufilaient habilement dans le flot de la circulation.

D'abord étouffés par la rumeur de la ville, le vrombissement et les crachotements d'un trimoteur finirent par inciter les passants alertés par ce bruit à lever la tête et ils purent apercevoir, étincelant dans la lumière du soleil, un aéroplane filer tout droit vers l'aérodrome de Tempelhof et amorcer sa descente comme s'il était posé sur une rampe invisible le guidant du ciel vers la terre.

Tel était le spectacle qui s'offrait aux personnes depuis la terre ferme, alors qu'à l'inverse, des hublots rectangulaires de l'avion, le regard des passagers plongeait dans les artères de cette métropole colossale. On voyait le palais du président du Reich, le ministère de la Justice, celui des Affaires étrangères, tous alignés le long de la Wilhelmstraße comme des mouettes au bord d'une falaise. On apercevait même, entre la Wilhelmplatz et la Mauerstraße, le ministère de l'Éducation du peuple et de la Propagande, bâtiment de couleur sombre dont la configuration pouvait évoquer à qui avait un œil avisé l'étrange combinaison d'un J et d'un G majuscules. En bas, les passants ne se rendaient bien sûr compte de rien. Qui descendait la Mauerstraße ne voyait qu'une bâtisse surveillée par des oiseaux de pierre avec des fenêtres, des portes et des escaliers gigantesques dont la taille n'avait rien d'humain. Mais n'était-ce pas justement à la mesure du travail qui, jour après jour, était accompli ici ?

Or dans ce centre décisionnaire de la vie publique, dans cette fabrique du vouloir allemand, régnait en cette radieuse matinée une certaine irritation. Un grain de sable s'était glissé dans le mécanisme bien huilé de cette horloge ministérielle, les rouages des différents services et autres départements avaient commencé à s'emballer sous l'effet de sonorités inhabituelles qui avaient envahi les couloirs.

Des sons acidulés de clarinette dévalaient les escaliers, des mélodies débridées dont on percevait ici et là quelques mesures s'introduisaient dans les bureaux avec toujours, par intervalle, le souffle d'un saxophone qui profitait de la moindre porte ouverte.

Un mouvement de résistance ne tarda pas à s'organiser. Obéissant à un ordre venu de nulle part, un certain Herr Itzewerder, un certain Herr Storchenburg et un certain Herr von Ungern-Sternberg déboulèrent d'un même élan dans les couloirs et, à voir partout les têtes qui passaient par l'embrasure des portes, on se rendait compte qu'ils n'étaient pas les seuls à se sentir interpellés par ce bruit. Bien vite, une douzaine d'hommes et de femmes leur emboîta le pas et en moins de temps qu'il ne faut pour le dire une bruyante armada partit à la recherche de l'origine du mal.

La petite troupe suivit tout un dédale de couloirs, monta des escaliers dérobés, les redescendit, et même si elle s'égarait parfois, elle finit, attirée par l'entraînante mélodie, par arriver dans une partie retirée du bâtiment où elle tomba en arrêt devant la porte à double battant d'une salle de spectacle. Plus aucun doute n'était permis : c'était bien là, derrière cette porte en bois massif, qu'on jouait une musique qui avait manifestement de la ressource. Pourtant, pour la plupart des oreilles – celles certainement de Herr Storchenburg et de Herr von Ungern-Sternberg ; pour celles de Herr Itzewerder, le doute est permis – ces sonorités avaient quelque chose d'abject. Ils évoquaient la jungle africaine ou même, oui, oui ! la Palestine. Quant au rythme, c'était quelque chose de proprement inouï. Étonnamment cette musique donnait envie de se trémousser, certaines mâchoires commençaient déjà à bouger en tous sens – véritable invitation à la danse, musique aguichante, musique d'enfer, mais surtout, euh ! une musique complètement dégénérée.

Alors à quoi bon attendre plus longtemps ? Il fallait foncer, se ruer dans la salle, l'investir et arrêter ce qui devait être arrêté ! Ou pas ? Bien sûr, la petite troupe de fonctionnaires voulait réprimer ce boucan au plus vite, elle n'était que rage et clabaudage, aigreur et fureur. Mais elle se trouvait face à un obstacle de taille qui entravait ce désir d'action. Sur la porte un panneau stipulait en lettres hirsutes ce que chacun pensait sans oser le dire : *Ne déranger sous aucun prétexte !*

Aïe ! Ça voulait dire quoi ? Comment l'interpréter ? Que faire ? Fallait-il céder à sa pulsion d'ordre et forcer la porte ? En même temps ne fallait-il pas obéir à cette injonction formellement affichée ? On pestait, on fulminait, tiraillé d'un côté et de l'autre, on sentait jusqu'au bout des ongles une désagréable tension urticante. Non, il n'y avait vraiment rien de réjouissant à s'imaginer dans la peau de ces fonctionnaires taraudés par la question de savoir s'ils avaient le droit de contrevenir à un ordre – en regard d'un but supérieur en quelque sorte –, et pour rien au monde on aurait voulu se trouver à la place de ces malheureuses créatures.

Or c'est justement ce qui était (plus ou moins) en train d'arriver : sous l'effet d'une transmission télépathique de la pensée, la même réflexion se faisait jour dans les têtes des personnes assises derrière cette porte, et si l'atmosphère était insupportablement lourde dans cette salle remplie de chaises disposées en rangs serrés, ce n'était certainement pas à cause de l'air vicié et des volutes de fumées de cigarettes qui faisaient surgir de fines perles de sueur sur le front des auditeurs tous décemment habillés de brun, de gris et de noir. Des toussotements s'entendaient parfois, un pouce et un index venaient se glisser dans un col pour offrir quelque soulagement à une gorge oppressée et nombre de paires d'yeux se fixaient sur les pointes de bottes impeccablement cirées. En dépit de la nervosité générale, tout le monde s'efforçait de rester calme en espérant instamment comprendre bientôt la réponse à la question de savoir pourquoi, grand Dieu, ces diables de musiciens installés sur la scène tiraient de leurs instruments un swing que n'entachait aucune fausse note.

Mais il fallait encore attendre : la tension de ce public de fonctionnaires ne semblait en effet pas avoir passé la rampe de la scène où cinq ou six musiciens vêtus d'un smoking noir jouaient dans un mélange de nonchalance méridionale (*Nongschalengs* comme disent les Berlinois) et de désinvolture citadine, sans penser le moins du monde à s'arrêter. Au contraire : un saxophoniste chaussé de lunettes rondes faisait onduler ses petites mélodies entre les sonorités d'une trompette tandis que deux hommes aux cheveux gominés, l'un au piano, l'autre à la batterie, apparemment tout aussi doués pour les subtilités musicales, imprimaient leur rythme à cet air entraînant. C'était un incessant va-et-vient entre ces six musiciens, une poursuite endiablée, une série de bonds et de cabrioles, des stridulations qui ne s'apaisèrent qu'au bout de longues minutes avant qu'un furieux solo de batterie ne vînt de nouveau tout bousculer, padabadam, camions déversant du gravier, convois de wagons-citernes résonnant dans la nuit sur un écheveau d'aiguillages pour finir par les coups d'un revolver vidant son barillet. Et soudain plus rien, un lourd silence descendit du plafond comme une chape de plomb.

Bon ! Que dire ? Que penser ? Et surtout comment réagir ? Tout semblait très professionnel, aucun doute là-dessus, il y avait là du talent, c'était incontestable, mais cela ne pouvait malheureusement pas empêcher chacun des auditeurs de se demander quel était l'objectif de tout ce *cirque*. Il était onze heures et demie, beaucoup ne s'étaient rien mis sous la dent depuis neuf heures du matin et cela faisait une bonne heure que tout le monde était assis dans cette salle mal aérée à écouter sans la moindre interruption cette musique de sauvages. On avait quand même bien droit à une explication !

C'est vrai après tout ! Mais on n'était pas au bout de ses peines. Certes on faisait confiance au Dr Adolf Raskin, intendant de la radio à destination de l'étranger et passé maître dans l'art de la *propagande de démoralisation*, pour apporter une réponse sans faille (même si l'on était curieux de savoir quels chemins tortueux il allait emprunter pour s'en tirer), mais ce dernier était pour l'instant en grand conciliabule avec son voisin et il était difficile d'imaginer ce que cela pouvait signifier. Le trouble grandissant à chaque seconde, le public finit, non sans une certaine gratitude, par reporter toute son attention sur une nouvelle contradiction qui prenait corps sous ses yeux : un homme venait de surgir sur la scène. De petite taille, solidement bâti, peut-être un peu grossier dans son apparence, il était bien connu au ministère comme le fameux Irlandais ou Américain ou Britannique (ou quelle que fût son origine) qui, depuis un certain temps, accomplissait des prouesses dans les émissions de propagande destinées à l'Angleterre. Cet homme qui se faisait appeler, on ne savait pourquoi, Wilhelm Froehlich, vint, un sourire malicieux aux lèvres, se placer au milieu des musiciens qui s'étaient entre-temps approchés du bord de la scène pour s'incliner face au public. Le dénommé Froehlich, qui manquait notoirement de distinction, faisait tache au milieu des six musiciens qui réagissaient au moindre mouvement de doigt et au moindre toussotement de l'assistance par de légers déhanchements. L'affaire était entendue. Toute personne dans la salle ayant un tant soit peu de sensibilité artistique n'avait qu'une envie : voir disparaître cet individu qui imposait pourtant ici sa présence, si bien qu'on se demandait quel pouvait être son rôle dans tout ça.

Évidemment qu'il devait avoir un rôle. Mais lequel ? Voilà ce qu'allait expliquer aux différents décisionnaires réunis ici le Dr Raskin qui s'était levé d'un bond, s'était tourné vers la salle et avait fait retentir sa voix métallique dont il était visiblement très fier. Le saxophoniste Lutz Templin, dont les signes de maturité (une calvitie naissante et des lunettes chics) attiraient la sympathie surtout des gens d'un certain âge, le chanteur Karl Schwedler (tout aussi bon chic bon genre mais un peu douteux en raison de ses relations opaques avec le ministère de Ribbentrop) et le fameux journaliste de radio Wilhelm Froehlich avaient tous trois proposé en début d'année une idée des plus ingénieuses. En l'espace de quelques semaines, ils avaient mis sur pied un programme appelé *Charlie's political Cabaret* et avaient enregistré des succès étonnants grâce à une suite de sketchs satiriques et des intermèdes musicaux destinés à l'Angleterre. Tout cela était bel et bon, mais il ne fallait pas s'endormir sur ses lauriers, bien au contraire, il s'agissait maintenant de voir plus grand, le temps de l'improvisation et du bidouillage était passé. Il fallait créer un véritable orchestre, une sorte d'*armée musicale de l'ombre* capable de *bombarder jour et nuit* les Britanniques avec du *jazz de propagande d'une subtilité sans égale.*

L'approbation fut quasi unanime, il y eut bien quelques visages étonnés mais dans l'ensemble la confiance semblait acquise. Pourtant une certaine circonspection se manifesta dans un coin de la salle où toute cette affaire ne semblait pas très *orthodoxe* ; il y eut des échanges feutrés de points de vue jusqu'à ce que quelqu'un finisse par prendre la parole – mais bien sûr, allez-y ! – et dire les choses sans ambages. Avait-on sérieusement l'intention de diffuser du *jazz* vers l'Angleterre ? L'Allemagne (et du même coup l'Angleterre) ne serait-elle pas mieux servie si l'on envoyait par-dessus la Manche du Händel, du Beethoven et du Mozart ? Face à cette suprématie musicale, les Britanniques n'auraient d'autre choix que de rendre les armes.

Cette idée fort honnête recueillit des murmures approbateurs. Toutefois Raskin la balaya littéralement d'un revers de main, sa dextre effectuant un salut allemand à l'horizontale, comme si d'un seul geste il faisait place nette sur un bureau imaginaire. Balivernes, sornettes, fadaises et calembredaines. Les Anglais étaient peut-être un pays frère, mais c'était un frère alcoolique, belliqueux, dépravé et décadent qui n'avait d'autre culture que celle du caniveau. Servir de la musique classique aux Anglais, ce serait comme donner de la confiture aux cochons, alors que le jazz était justement fait pour les cochons, dit Raskin en essuyant la sueur sur son grand front de penseur. Après avoir récolté des applaudissements bien mérités pour son mot d'esprit, il poursuivit en faisant soigneusement la distinction entre ce qui, dans le jazz, relevait du jeu, du rythme, des sonorités, des combinaisons d'instruments, etc., pour conclure en analysant comment chacun de ces points ne pouvait manquer d'exercer une influence sur l'*âme anglo-saxonne.* Nous n'avons malheureusement pas encore entièrement saisi toutes ses implications et complications, ce qui fait que nous ne sommes pas en mesure de les restituer de façon adéquate. Pendant ce temps, Lutz Templin roulait de gros yeux comme chaque fois que quelqu'un voulait lui démontrer comment devait fonctionner sa musique.

Cela dit, l'auditoire ici présent ne connaissait rien au jazz (officiellement du moins) et les scrupules artistiques de Templin n'avaient pas lieu d'être. Les fonctionnaires prenaient des décisions et ils avaient besoin de s'appuyer sur des faits. Le collègue Raskin se fit fort de leur en donner – et pas qu'un peu. On ne tarda pas à voir le scepticisme (l'intérêt critique) s'éclipser peu à peu des visages, et quand enfin vint le passage sur l'utilité pratique, les mots de l'intendant firent aussitôt mouche. Ils étaient peut-être un peu forts mais d'autant plus compréhensibles. Nous sommes en guerre, l'ennemi ce sont les Britanniques, et si le meilleur moyen de les attirer dans un piège c'est le jazz, alors il s'agit de l'arme la plus simple et la plus efficace.

Raskin voulait conclure par ces mots, mais dans le coin des réfractaires une main se leva à nouveau. Il prit le parti d'étouffer dans l'œuf la velléité de résistance en utilisant une petite astuce sortie de sa boîte à outils rhétorique. Que pensaient ces messieurs des succès de la flotte sous-marine allemande, demanda-t-il en se tournant vers le côté de la salle qui se montrait décidément rétif. Les réponses fusèrent : « Fabuleux ! Phénoménal ! Du beau travail ! » Il sortit alors son atout : Très juste, or la guerre sous-marine ne faisait pas dans la dentelle (clin d'œil). Elle avait même quelque chose de sournois. Mais il s'agissait de gagner une guerre, pas un concours de beauté.

C'était bien vu. Le ban et l'arrière-ban étaient convaincus. Il fallait vite profiter de la situation et enfoncer le clou. Raskin demanda le soutien du ministère afin de mettre sur pied un orchestre de jazz et une fois la chose acquise et approuvée par tous les services et une fois le public parti pour la pause de midi, il chargea Templin de créer un tel orchestre : une batterie, une contrebasse, un piano et une guitare, deux ou trois saxophones, des clarinettes, des trombones et des trompettes, soit une bonne quinzaine de musiciens plus quelques autres en réserve. Bref, un ensemble complet.

D'accord dit l'intéressé en remontant ses lunettes du bout de son index.

Il savait qu'il pouvait compter sur lui, dit Raskin avec un sourire malicieux. Puis il pointa un doigt vers Froehlich et de l'autre main lui fit signe d'approcher. Il ne restait plus maintenant qu'à engager un écrivain capable d'écrire avec *une neutralité de bon aloi* le récit de cette entreprise, car tout ce qui n'est pas couché par écrit noir sur blanc n'a, chacun le sait, aucune existence.

Et qui était cet écrivain, s'enquit Froehlich en fonçant tête baissée dans le piège qui lui était tendu.

Excellente question, répondit Raskin. Voilà pourquoi il lui donnait personnellement carte blanche pour trouver l'homme fait pour cette tâche.

Froehlich qui, sans le vouloir, commençait à grimacer, manifesta sa mauvaise humeur, mais il fut instantanément remis à sa place. Allons, allons ! Et ne pas oublier que ce roman allait aussi parler de lui. N'importe qui d'autre se lécherait les doigts à l'idée d'avoir un droit de regard sur un tel projet.

Pourtant l'enthousiasme de Froehlich ne fut pas débordant (ou si enthousiasme il y eut, il sut se faire discret). Pourquoi fallait-il qu'il apparaisse dans ce roman ?

Raskin ouvrit de grands yeux. Il était vraiment entouré d'imbéciles et ce ministère était un asile de fous.

Eh bien parce que c'est lui qui écrivait les textes des chansons. Les *paroles*.

Froehlich dit qu'il pensait que ce n'était pas de notoriété publique.

Pas de notoriété publique mais connu du ministère.

Froehlich serra les lèvres et fronça les sourcils. Son cerveau travaillait.

Monsieur Raskin avait-il pensé, par exemple, à Thomas Mann ?

Raskin regarda l'Irlandais avec de grands yeux avant d'éclater d'un rire sonore. Il riait si fort qu'il en devint tout rouge et faillit s'étouffer.

Vous êtes un comique, Froehlich, j'aime bien votre humour anglais – même si je déteste les Anglais.

Et Bronnen ?

Trop juif.

Benn ?

Difficile.

Jünger ?

En garnison dans le Haut-Rhin.

On pourrait le faire venir.

Pas trop envie.

Bon. Froehlich avait épuisé toutes ses connaissances en littérature contemporaine. Il haussa les épaules.

Ce n'était pas grave, on allait l'aider, dit Raskin. Le plus important pour l'instant, et il se tourna de nouveau vers Templin, c'était de mettre aussi vite que possible un orchestre sur pied.

Berlin, 1940

Pendant qu'on était encore en train de se congratuler au ministère pour ce coup d'audace, Lutz Templin était déjà occupé à chercher les bonnes personnes pour son orchestre. Il était facile de voir qu'avec lui ça n'allait pas traîner. Il était vraiment l'homme de la situation, et dans le domaine de la variété nul ne pouvait en remontrer à ce natif de Düsseldorf : il connaissait tout le monde et avait un carnet d'adresses rempli de A jusqu'à Z. Et surtout Templin détestait le travail à moitié fait. L'homme était plein de fougue et d'énergie et l'on s'en rendait compte rien qu'à voir son regard vif derrière ses lunettes rondes. Ses pupilles minuscules filaient d'un côté et de l'autre comme de petits poissons frétillant dans un aquarium et il n'était pas rare d'y voir briller une étincelle fébrile quand lui venait soudain une idée. Nerveux de nature, il était toujours dans l'excès : il ne se levait pas de sa chaise, il bondissait ; il ne marchait pas, il courait ; il ne buvait pas sa bière, il la descendait. On avait parfois l'impression qu'à sa naissance le métronome de sa vie avait été calé sur une vitesse trop rapide. Jamais la moindre trace de contrôle de soi, avait dit un jour Froehlich qui, après deux ou trois bouteilles de schnaps, avait exposé les choses telles qu'elles étaient.

Qui pensait que Lutz Templin allait arpenter les quartiers ouest de Berlin pour dénicher un par un ses musiciens dans des gargotes et des arrière-salles enfumées se trompait lourdement. Non que les personnes en question ne fussent pas dans ces endroits (et que Templin, dont les différents domiciles, il en changeait constamment, n'étaient jamais éloignés de plus de quelques centaines de mètres de ces bars mal famés, n'ait pas été au courant), mais nous sommes en 1940 et le sésame de l'époque était l'*appareil téléphonique*. Et Templin n'aurait pas été Templin s'il n'avait pas pertinemment su dès le début qui étaient les meilleurs musiciens de jazz de Berlin, d'Allemagne et même d'Europe et où il pouvait les trouver – à quel numéro précisément.

Il décrocha donc le combiné, posa son index sur le cadran rotatif et les appela les uns après les autres.

Il passa ainsi trois jours au bout du fil (certains musiciens se produisaient le soir et dormaient le matin, d'autres avaient des répétitions le matin et allaient écouter leurs collègues le soir) ; sa voix était de plus en plus éraillée et il ne pouvait s'empêcher de débiter comme une litanie les conditions du contrat : secret absolu, répétitions entre neuf heures et onze heures à la Maison de la Radio, secret absolu, tant de reichsmarks par prestation, secret absolu, pas un mot à quiconque, ni même à ta femme, à ton compagnon ou à n'importe qui d'autre.

L'audition fut simple au possible. Lutz Templin et Karl Schwedler, lequel avait déjà sa place comme chanteur (et aussi comme collaborateur du ministère des Affaires étrangères pour les *questions radiophoniques*) et avait l'habitude de ce genre de *castings* et de *rehearsals* pour avoir travaillé comme agent musical en lien avec les États-Unis, firent jouer les candidats séparément, instrument par instrument.

D'abord les trompettes (première, deuxième et troisième), puis les trombones (premier, deuxième et troisième), puis les saxophones et les clarinettes, enfin le groupe rythmique (piano, guitare, contrebasse et batterie) et pour finir, cerise sur le gâteau : l'accordéon.

Les choses se déroulèrent au début dans un ordre parfait. Mais à mesure que le temps passait et que l'impatience grandissait parmi ceux qui attendaient leur tour, rien ne put empêcher certains instrumentistes d'accompagner de quelques notes celui qui était en train d'être auditionné. Templin, qui connaissait son monde dont lui-même était issu, ne chercha pas à s'y opposer. Et c'est ainsi que les auditions prirent des allures de petits concerts improvisés.

Quand l'audition fut déclarée terminée au bout de trois heures bien rythmées, quelques voix s'élevèrent pour protester ; certains disaient qu'ils avaient juste fini de s'échauffer et surtout les musiciens de la rythmique autour de Fritz Brocksieper (batterie), Meg Tevelian (guitare) et Paul Henkel (contrebasse) que l'on avait entendus à la fin ne voulaient plus quitter la scène. Bref : tout le monde prenait à cœur cette affaire dont pourtant personne n'avait compris les enjeux.

Lorsque Templin prit la parole, ce fut pour annoncer une bonne nouvelle : *beaucoup* avaient *fort heureusement* passé le test avec succès. Quand il se mit à lire la liste des musiciens retenus, il y eut pour la première fois depuis trois heures un grand silence :

Première trompette : Rimis van den Broek

Deuxième trompette : Charly Tabor et/ou Fernando Díaz

Troisième trompette : Helmut Friedrich et/ou Fritz Petz

Trombones : Willy Berking, Henk Bosch, Ferri Juza

Saxophone ténor ou clarinette : Mario Balbo
Saxophone ténor : Bob van Venetië et/ou Eugen Henkel
Saxophone alto ou clarinette : Benny de Weille
Clarinette ou saxophone alto : Teddy Kleindin
Piano : Franz Mück
Guitare : Meguerditsch Tevelian
Contrebasse : Cesare Cavaion et/ou Paul Henkel
Batterie : Fritz Brocksieper
Accordéon : Walter Musonius

Oui, ça faisait beaucoup. Et si l'on regardait autour de soi et comptait, comme était justement en train de le faire Fritz Brocksieper, on ne pouvait manquer de s'apercevoir que tous ceux que Templin avait fait venir pour cette audition à la Maison de la Radio étaient sur la liste.

La chose était entendue dès le départ et le bougre s'était offert un petit concert privé, voilà ce que pensait maintenant Brocksieper qui n'était pas loin de toucher la vérité. Quand il voulut donner son avis, Templin fit comme s'il n'entendait pas ce genre de ritournelle. D'autres questions ? lança-t-il en retour.

Brocksieper prit de nouveau la parole pour dire qu'il était juif, *comme tout le monde le savait.*

Templin lui lança un regard interrogateur auquel Brocksieper répondit par un regard insistant.

Demi-juif pour autant que je sache, se contenta de préciser Templin sans se laisser démonter.

Ça ne fait aucune différence, répliqua Brocksieper. Ce qui était à la fois juste et faux.

C'est vrai, dit Templin, *ici* rien ne fait de différence. Dans cet orchestre il ne s'agissait pas de savoir qui était qui, mais qui faisait quoi.

Ça faisait longtemps qu'il n'avait pas entendu ce genre de phrase, dit Brocksieper incrédule, mais déjà Tevelian avait demandé la parole et l'arménien apatride fit justement valoir qu'il était Arménien et apatride.

C'est parfait, répondit Templin, l'Arménie faisait partie de l'Union soviétique et les Soviétiques étaient les alliés de l'Allemagne.

Sauf que justement il ne possédait pas la nationalité soviétique, rétorqua Tevelian, qui ne savait pas comment expliquer autrement sa situation d'*apatride*.

Templin eut un instant d'hésitation. Puis il lui tapa sur l'épaule pour le rassurer en lui disant qu'au bout du compte ce n'était pas si grave que ça. Les Soviétiques finiraient bien par devenir les ennemis de l'Allemagne.

Berlin, 1940 et 1941

Froehlich avait décidé de régler au plus vite cette histoire d'écrivain pour ne plus être obligé d'y penser. Mais il fut surpris – comme tous les Anglais – par la guerre. Partout où l'on se tournait, l'Empire britannique subissait de lourdes défaites : Arras et Dunkerque, le sud de la Norvège et Narvik, le torpillage du *Glorious*. Les lignes alliées s'effondraient les unes après les autres à une telle vitesse qu'on avait du mal à y croire. Si ça continuait ainsi, l'Angleterre serait à genoux d'ici la fin de l'année.

Il s'agissait de répandre le plus vite possible ces nouvelles par la radio et, profitant de l'avantage obtenu sur le terrain, de les faire parvenir à l'arrière, chez l'ennemi, en utilisant les ondes courtes ou moyennes. Les troupes britanniques vaincues devaient tomber à leur retour sur une population civile complètement démoralisée.

Froehlich avait donc fort à faire au cours de ces journées et de ces semaines ; il était constamment à l'antenne et quand ce n'était pas le cas, il collectait des informations en provenance du front, rédigeait des comptes rendus et des annonces ou concoctait des facéties qui remettaient Churchill et son cabinet à *la place qu'ils méritaient*. Il ne lui restait donc pas beaucoup de temps pour réfléchir, mais parfois, quand il jouissait d'une minute de calme, par exemple en rentrant chez lui sur l'Amtsgerichtsplatz dans le quartier de Charlottenburg, il se demandait s'il avait eu tort de croire aussi longtemps à la grandeur de l'Empire britannique et s'il s'était trompé en étant convaincu de son invincibilité. Tout portait en effet à le croire. Plus encore : rien n'interdisait de penser que les Allemands pourraient fêter Noël à Londres.

Ancien membre de la direction de la British Fascist Union, fondateur de la National Socialist League, bref nationaliste pur sucre, il lui fallait d'abord s'habituer à l'idée d'une défaite de l'Angleterre. Il était aidé en cela par les nouvelles alarmantes qui s'égrenaient et qu'il accueillait chaque fois dans un mélange d'effroi et de joie maligne. Que se passerait-il, se demandait-il de plus en plus souvent, si la guerre se terminait à la fin de l'année ? Ma foi, c'en serait fini de l'orchestre de jazz et de l'émission de propagande *Germany Calling* ; il n'aurait plus à recruter un écrivain et ça lui ferait un souci en moins. Évidemment, il perdrait aussi son emploi à Berlin, mais il ne faisait aucun doute qu'il obtiendrait en contrepartie un poste plein d'avenir dans l'Angleterre vaincue. Il finirait bien par entrer au gouvernement et Margaret n'aurait plus besoin de travailler et elle pourrait simplement faire ce qu'elle méritait : être sa femme. Merveilleux !

La guerre n'en était pourtant pas encore là. Les mois passaient, juillet, août, septembre, octobre, novembre. Il y eut une période un peu plus calme au sein des stations émettant à destination de l'étranger et cela aurait été le bon moment pour se mettre à la recherche d'un écrivain. Mais Froehlich continuait à faire preuve d'un laisser-aller flagrant en espérant qu'avec le temps cette idée saugrenue ferait long feu ; il n'avait vraiment aucune envie de contribuer à sa mise en œuvre.

Il s'avéra plus tard que les souhaits et les désirs de Froehlich coïncidaient presque parfaitement avec la réalité du moment. Chercher un écrivain ne rencontrait pas un enthousiasme débordant, ni au ministère ni ailleurs. L'été avait été rude et on avait eu d'autres chats à fouetter, sans compter qu'il n'était pas facile de trouver l'homme de la situation. Mais voilà qu'au mois de décembre, un appel était parvenu au ministère, et même s'il n'avait pas été aussitôt suivi d'effet à cause des fêtes, il n'avait pas sombré dans les oubliettes. Au début de la nouvelle année, ce coup de fil en avait entraîné un autre auquel avait répondu un autre fonctionnaire, ce qui avait eu pour conséquence que des téléphones s'étaient soudain mis à sonner fébrilement dans différents services. Bref, difficile d'y voir clair dans tout ça. Mais le fait est qu'un beau jour un nom venu de nulle part fut cité et qu'un manuscrit venu lui aussi de nulle part atterrit sur le bon bureau. Tout alla ensuite non pas à un train d'enfer, plutôt de façon suivie. On demanda à l'éditeur de contacter au plus vite son auteur et de lui proposer un contrat, on s'occuperait du reste.

Le reste ? Quel reste ? s'enquit l'éditeur. Sauf qu'au ministère on n'était pas disposé à entrer dans ce genre de discussion. Ce qu'on voulait, c'était qu'il appelle son auteur, un point c'est tout.

Bien, dit l'éditeur.

Zurich, 1941

Dans sa mansarde zurichoise, l'écrivain en herbe Fritz Mahler était encore au lit en ce vendredi de fin d'hiver – même si l'après-midi avait déjà bien commencé –, quand il fut soudain tiré de ses réflexions et de ses doutes existentiels par la sonnerie stridente de son téléphone en Bakélite noire.

Mahler n'était pas quelqu'un qui dormait beaucoup et s'il était toujours couché à cette heure indue, c'était parce qu'il s'était convaincu qu'un écrivain digne de ce nom doit adopter des lubies autant réprouvées que reconnues comme telles par le commun des mortels. Ainsi, s'il avait raté les deux premiers appels de cette journée ce n'était nullement parce qu'il dormait profondément au moment où avait retenti la sonnerie stridente du téléphone mais parce qu'il veillait à ne pas donner l'impression d'être déjà sur pied et productif dès le matin à l'instar de n'importe quel petit-bourgeois.

Comme souvent durant ces journées, Mahler s'était laissé aller dès le petit matin à des pensées où il ne cessait de se rabaisser plus bas que terre et qui finissaient toutes par le constat que leur auteur était un bon à rien, un minable petit écrivaillon qui ne connaîtrait jamais le succès. Et toujours en pareils cas, il se raccrochait à la phrase d'Épictète disant que seul celui qui n'est rien a encore une chance de devenir quelque chose, même si le réconfort était bref.

Or l'appel téléphonique dont la sonnerie avait brusquement fait irruption dans son logement aurait pu lui apporter un double soulagement, s'il avait décroché. Non seulement il l'aurait détourné de son autoflagellation intellectuelle mais il aurait privé cette dernière de ses fondements en donnant à sa vie étale un tournant décisif. Seulement Mahler était un perdant.

Pourtant, quelques mois auparavant, il avait fait installer à grands frais et à crédit une ligne téléphonique dans son logement sous les toits en espérant qu'il aurait des appels qui feraient décoller sa carrière. Mais force lui était de constater que, dès que la sonnerie retentissait et le faisait sursauter, il était saisi d'une peur panique qui lui serrait littéralement la gorge. Il ne tarda pas à nourrir une véritable haine contre cet appareil noir et sournois posé sur le guéridon tout aussi noir, et l'idée de parler avec quelqu'un dont il ne voyait pas le visage lui donnait des sueurs froides dès que cette situation menaçante s'installait à l'orée de sa conscience.

Mahler n'apprit donc que le lundi à midi, après s'être forcé à décrocher enfin au sixième appel, qu'il s'agissait de son éditeur qui, un peu remonté, lui annonçait être prêt à imprimer son manuscrit et à le diffuser aussi vite que possible.

Le jazz band de Goebbels

Berlin, 1941

Huit jours plus tard, une copie de ce manuscrit arrivait au 29 de la Kastanienallee à Charlottenburg par des voies si tortueuses et détournées qu'il est impossible de les rapporter ici. Depuis, il était posé sur une table du salon dans l'attente d'être lu, enveloppé dans du papier kraft sur lequel était marqué *Ultraconfidentiel !*

Un vendredi matin de l'hiver 1941, le réveil sonna à en ébranler les fondations de la maison. Wilhelm Froehlich, à qui était destiné ce coup de fil, eut du mal à sortir des limbes de son sommeil et ce fut sa femme Margaret qui se chargea de faire taire l'appareil. Froehlich se leva péniblement, se dirigea vers le salon en traînant des pieds, tira sur le cordon de la lampe qui fit surgir de l'obscurité le canapé, le minibar et le guéridon, et aperçut le manuscrit de Mahler qui lui faisait sournoisement de l'œil. Dès lors il lui fut impossible d'en détacher ses pensées.

Dans la salle de bains, cette pensée lui devint particulièrement douloureuse. Le quart d'heure qu'il avait l'habitude de passer devant le miroir pour étaler la mousse à raser sur ses joues était pour lui un moment particulier, le plus précieux de la journée même s'il ne s'agissait que de quelques minutes, car il pouvait alors voir son visage aussi blanc, immaculé et intact qu'autrefois, dix-sept ans auparavant.

Froehlich savourait ces moments qui précédaient le rasage. Il se revoyait à Londres, à une époque où il n'avait pas encore cette terrible cicatrice et s'appelait William Joyce. Il repensait à ses années de service dans l'armée, à ses années d'études. Mais ces souvenirs qui le ramenaient presque à la moitié de sa vie avaient quelque chose de cruel.

À l'instant où il prenait son rasoir et faisait disparaître d'un même geste la barbe et la mousse sous la lame, voilà que réapparaissait la cicatrice et tout reprenait vie : le terrible tressaillement de tout son corps quand la lame avait sabré son visage, l'odeur métallique du sang qu'il n'avait jamais pu oublier, la difficulté qu'il avait eue à mâcher durant des semaines après cette attaque perfide.

Il n'avait eu de cesse d'essayer d'oublier cette douleur, de l'effacer, de l'éradiquer, pourtant elle n'avait jamais faibli, changeant simplement de place ; elle était passée de la joue à la gorge pour descendre dans sa poitrine à un endroit que jamais une lame de rasoir ne pourrait atteindre. Le triste reflet de son visage grimaçant l'avait longtemps fait rougir, ce qui faisait d'autant plus ressortir le tissu de la cicatrice blanche qui, pareille à la peau du lait, était constituée d'une multitude de petites rides invisibles. Mais le pire c'était la honte qu'il éprouvait quand il se rappelait qu'il n'avait pas simplement subi cette blessure. Non, il avait aussi permis qu'on la lui inflige et il était surtout torturé par l'idée que son auteur, d'après ce qu'on savait, était un bolchevique juif. Pendant longtemps, il avait balancé entre la honte et le désir de vengeance et peu à peu ce dernier sentiment avait pris le dessus, tandis que la honte se transformait par degrés en fierté qu'il éprouvait quand les gens le regardaient dans la rue ; cette *éraflure*, comme il disait maintenant, était devenue pour lui la preuve de sa force de résistance.

Froehlich avait l'habitude de se laisser aller à de telles pensées quand il était dans la salle de bains en train de se raser. Mais aujourd'hui tout son esprit était accaparé par la présence du manuscrit ; il se sentait observé par l'entrebâillement de la porte et le trou de la serrure, surveillé et même scruté de façon éhontée par ce diable de texte.

Au cours des derniers jours, il avait fait plusieurs tentatives pour se soustraire à cette obligation, prétextant qu'il avait du travail par-dessus la tête et qu'il était journaliste de radio et pas critique littéraire. Son supérieur hiérarchique, un demi-Écossais répondant au nom de Dietze avec qui il partageait non seulement des origines celtes mais surtout une haine profonde et mutuelle, s'était contenté, pour toute réponse, de hausser les épaules en montrant d'un doigt le plafond pour signifier que la directive venait d'en haut. Quoi qu'il en soit, Froehlich n'avait pas le moins du monde l'intention de lire ce manuscrit. Mais en réalité il n'arrêtait pas d'y penser, même s'il n'avait pas envie ! Il jeta un regard désemparé dans le miroir sans obtenir le moindre signe de salut en retour. Il poussa de nouveau un soupir et fit ce dont il avait l'habitude dans ce genre de situation (et dans bien d'autres aussi) : il se dirigea vers le minibar, prit l'une des bouteilles et se versa une bonne rasade dans un verre ventru qui était là pour ça. Le schnaps eut un effet revigorant, ce qui ne fit qu'augmenter son envie d'en boire un autre, alors que sa répulsion pour le manuscrit ne diminuait en rien. Sous des prétextes fallacieux auxquels il ne croyait pas lui-même, il n'arrêtait pas de se dérober, et ce n'est que lorsque Margaret, très en retard, accourut dans la salle de bains et lui demanda s'il pouvait lui préparer son petit déjeuner qu'il lui fut difficile de reculer plus longtemps.

Impossible, il venait juste de commencer un travail très important, dit-il en mentant effrontément. Et comme Margaret passait la tête par la porte de la salle de bains pour voir de quoi il s'agissait, il ne put faire autrement que de baisser les yeux sur ce détestable paquet de feuillets.

Berlin, 1941

Il faisait nuit depuis longtemps lorsqu'un coup frappé à la porte (ou était-ce à la fenêtre ?) le fit sursauter. Étonné, Froehlich leva les yeux des feuilles hectographiées sur lesquelles il était plongé depuis des heures, mais au bout de quelques secondes il les baissa à nouveau et ses pensées revinrent aux images que le texte de Mahler avait imprimées tout au fond de lui. Il fit défiler sous son pouce les pages écrites bien serrées tandis que son visage prenait une expression de profonde gratitude. Que venait-il de lire !? Certes c'était un peu maniéré ici et là, la langue était parfois un peu désuète et certaines expressions semblaient figées dans le vernis d'une époque disparue – hélas ! – depuis longtemps. Néanmoins le texte était animé d'un sentiment d'effroi douloureux qui, de temps en temps, laissait la place à un ton joyeux et gai. Par ailleurs, lorsque l'horreur était décrite dans ce qu'elle avait de plus cru, le narrateur parlait avec ce flegme à la Jünger qui confère à l'effroi une force toute particulière. Oui, ce Mahler réussissait à ménager ses effets, il fallait le reconnaître, mais il parvenait aussi admirablement à minimiser à bon escient les moments délicats et à jeter de la poudre aux yeux quand c'était nécessaire. Il savait y faire. Froehlich aurait bien aimé en parler – en anglais – à quelqu'un qui aurait compris son enthousiasme. Il se leva du canapé en soupirant, se dirigea vers la chambre, poussa la porte de la salle de bains, mit un pied dans la cuisine, leva les yeux vers la montée d'escalier, non décidément, tout indiquait que Margaret n'était toujours pas rentrée.

Berlin, 1941

Tout le monde savait depuis une dizaine d'années qu'entre les numéros 8 et 14 de la Masurenallee dans le quartier de Charlottenburg se trouvait la Maison de la Radio qui, pareille à une gigantesque hypophyse, décidait des humeurs du corps populaire allemand. Ce grand bâtiment en brique rouge couleur sang-de-bœuf d'où partaient vers l'éther les messages radiophoniques ressemblait fort judicieusement, vu de très haut, à une énorme oreille.

C'est ici que, par un matin d'hiver de l'année 1941, Wilhelm Froehlich s'escrimait sur sa machine à écrire dans son bureau qui donnait sur la Bredtschneiderstraße, montrant des signes de plus en plus manifestes d'impatience, lorsque soudain il s'interrompit, repoussa sa chaise et se redressa en pestant du haut de son 1,69 mètre. Il arracha d'un mouvement brusque la feuille de papier qui aussitôt se déchira. Il eut un autre geste d'autant plus excédé qu'il lui fallait maintenant retirer avec les doigts le bout de papier resté coincé dans le cylindre.

Il poussa un soupir et lança le morceau de papier froissé dans la corbeille ; à cet instant Mlle Maria von Wild, la secrétaire, ouvrit la porte pour dire qu'elle s'absentait une heure. Il jeta un coup d'œil sur sa montre. Grand Dieu ! les deux aiguilles n'allaient pas tarder à se rejoindre sur le douze. Vite il prit son manteau, vissa sa casquette bleu foncé sur son crâne, sortit de son bureau et sauta dans une cabine du paternoster déjà bien engagée dans la descente. En glissant doucement vers les étages inférieurs, il sentait une joie irrépressible à l'idée de retrouver sa femme et il espérait se changer les idées en sa compagnie. Mais bizarrement, pendant tout le repas, il ne fit rien d'autre que de parler de la lettre qu'il était en train de rédiger et quand il se retrouva une heure plus tard dans son bureau, il eut l'impression que ce moment avec sa femme n'avait pas existé.

Contrairement à ce qu'il croyait, cette conversation au déjeuner avait été très bénéfique et fait avancer l'affaire qui l'occupait. En effet, alors qu'il n'avait cessé d'en discuter avec Margaret, ses idées s'étaient mises petit à petit en ordre dans son inconscient, si bien que, lorsqu'il reprit sa place derrière sa machine à écrire, il trouva d'emblée le ton juste. Il commença par quelques phrases ronflantes propres au langage de l'administration, qui donnaient à l'affaire un vernis officiel. Puis il se mit à flagorner et à passer une bonne couche de pommade à l'écrivain helvète (ce qui ne posait évidemment pas trop de problèmes à cet employé du ministère de la Propagande), sans rien laisser voir des demi-vérités qui lui traversaient l'esprit. Mais surtout il ne tarit pas d'éloges sur le manuscrit de Mahler au titre – c'est vrai – un peu grandiloquent : *Le Miracle de Sedan*. Bravo ! Toutes mes félicitations ! Continuez comme ça ! Vint une partie plus délicate où il s'agissait d'évoquer ce qu'on attendait de Mahler : un roman (encore meilleur que le premier) centré sur les rouages compliqués de l'industrie allemande de propagande destinée à l'étranger. Sans détour il exposa que, pour des raisons aussi faciles à comprendre que regrettables, l'activité, le rôle et l'importance de la propagande diffusée par radio contre l'ennemi n'étaient pas connus du peuple allemand en général, pas plus que du parti et des différents ministères, et cette ignorance faisait que, depuis quelque temps, un nombre croissant de personnes importantes se croyaient en droit de penser que la propagande était une arme parfaitement inutile et que le ministère qui en avait la charge était absolument superflu. Cette supposition, bien entendu totalement absurde, continua Froehlich, constituait malheureusement le terreau sur lequel fleurissaient les attaques de plus en plus nombreuses contre Goebbels et ses collaborateurs. Depuis qu'avait filtré, en dépit du secret qui entourait l'affaire, que le ministère de la Propagande ne voulait plus se contenter d'intercaler de la musique de jazz entre les nouvelles diffusées à l'intention de l'Angleterre par l'émetteur *Germany Calling* et dont la principale voix n'était autre que celle de la personne qui présentement lui écrivait, mais avait l'intention de produire cette musique sans lésiner sur le personnel et le budget nécessaires, les attaques dont le professeur Goebbels étaient la cible n'avaient cessé d'empirer : les plus virulentes venaient de ceux qui considéraient qu'il était *moralement indéfendable* qu'une radio allemande – quelle que fût sa destination – jouât du jazz.

Les personnes qui tenaient de tels propos n'avaient rien compris ni à l'essence ni à l'objectif de la propagande, poursuivait Froehlich, et c'est là, sur cette carence, qu'il fallait intervenir avec un roman qui serait compris par tout le monde. On imaginait un texte léger, distrayant et alerte, qui mettrait en lumière les mérites et les succès de la radio pour l'étranger et qui servirait de contrepoids dans l'opinion publique à la Wehrmacht et à sa présence sur les ondes et au cinéma. Bref, pour dire les choses simplement et familièrement : on espérait que le roman de Mahler aiderait le peuple à se convaincre que la propagande radiophonique allemande pouvait autant contribuer à la victoire (qui n'était plus qu'une question de temps) que les escadrilles de bombardiers, les flottilles de sous-marins ou les unités de chars.

Et maintenant, après cette partie très impersonnelle et un peu abrupte, Froehlich savait fort bien, c'était son travail au quotidien, qu'il lui fallait retourner aux flatteries doucereuses du début, ce qu'il fit de la façon suivante : Mahler devait certainement se demander pourquoi le choix s'était porté sur lui et non sur un Allemand de souche pour diffuser *des nouvelles du front* depuis Berlin. On avait *évidemment* pensé à Jünger ou Bronnen, mais Mahler avait montré avec son premier roman qui – *fingers crossed* – allait bientôt être publié, qu'il était non seulement l'égal de ces messieurs mais leur était même supérieur. (C'était bien sûr un mensonge éhonté, cependant Froehlich considérait qu'il était ici de mise de taire la vérité.) À cela il fallait ajouter que Mahler était jeune, sans parti pris, d'une fraîcheur inégalée et l'on espérait aussi qu'en tant que Suisse il saurait faire preuve de neutralité (pas trop quand même), car l'impartialité était justement ce qui donnait du poids à tout jugement.

Les choses continuèrent sur ce ton pendant un certain temps et au bout d'une heure et demie, quand il eut rempli cinq pages bien serrées, Froehlich se sentit soulagé et même un peu fier – toute modestie mise à part : il avait enfin réussi à faire ce qu'il croyait impossible. Il donna les feuillets à relire à Mlle von Wild en lui faisant promettre d'envoyer la lettre le plus rapidement possible à Zurich.

Zurich, 1941

Deux ou trois semaines plus tard, Fritz Mahler était accessible à tout le monde dans sa mansarde de Zurich. Il avait reçu la lettre de Berlin et les coups de fil s'enchaînaient désormais sans discontinuer. Il y avait même tant d'appels qu'il avait été obligé de glisser sous son téléphone un vieil exemplaire des nouvelles de Flaubert et une édition racornie de Suétone pour atténuer un peu la virulence des sonneries.

Après la proposition venue d'Allemagne, qui promettait monts et merveilles, les pensées de Mahler s'étaient retrouvées prises dans un véritable tourbillon et il passa une bonne partie des journées qui suivirent à fixer des yeux le coin gauche au-dessus de sa fenêtre. On aurait pu croire qu'il regardait la lithographie dans un cadre doré, qui montrait Thomas Morus dessiné par Hans Holbein, accrochée là parce qu'il admirait soit le peintre bavarois devenu citoyen suisse soit l'utopiste anglais. En réalité, ses yeux étaient dirigés vers un petit miroir à moitié aveugle accroché juste sous la gravure ; comme dans une composition de Pieter Claesz, il pouvait voir dans ce reflet non seulement ses cheveux blonds séparés par une raie et le lobe charnu d'une de ses oreilles mais aussi un vieux piano désaccordé (ou était-ce un virginal ?) et un baromètre cassé qui bizarrement lui rappelait Vermeer. Cette image était la source de ses réflexions qui, de plus en plus confuses, devenaient inaccessibles au bon sens.

Le va-et-vient incessant de ses pensées revenait toujours à la même question : devait-il accepter la proposition de Berlin qui lui promettait richesse et célébrité et donc sauter dans le premier train pour se rendre dans la capitale du

Reich – ou devait-il s'abstenir ? Il était facile de considérer cette affaire dans une optique morale, éthique et économique, mais il devait aussi prendre en compte l'arbre généalogique de sa mère (milieu du XIXe siècle, peinture à la gouache avec un grand blason au milieu, collection privée), accroché au pied de son lit et qui était pour lui source de maintes réflexions ; en observant tous ces noms illustres comme May von Schadau, Leemann ou Nägel, il avait l'impression que se réveillaient en lui des tendances depuis longtemps assoupies, car tous ces ancêtres étaient aussi partis un jour pour parcourir le vaste monde et affronter leurs effrois.

Mahler était bien aise d'avoir à sa disposition ces quelques feuilles de vigne qui lui permettaient de cacher ses motivations profondes, car dans de rares moments de lucidité, il était rongé par la terrible certitude qu'elles étaient totalement répréhensibles. En même temps, quand il s'agissait de s'illusionner, il se révélait être un véritable artiste qui n'avait aucun mal à oublier que tout ce qu'il désirait se réduisait au fond à cette maxime qu'il avait un jour cueillie un peu par hasard dans le *Wilhelm Meister* de Goethe et qu'il gardait depuis lors comme un petit trésor au fond de son cœur : *Je ne trouve rien de plus raisonnable au monde que de tirer profit des folies des autres.* Il est donc parfaitement inutile d'exposer toutes les pensées de Mahler qui finirent par le conduire à prendre la décision que nous comprenons non seulement en regard de son contenu (il partit pour Berlin) mais aussi de sa motivation profonde (vil opportuniste, il savait très bien composer avec ses contradictions). Mais comme le temps dont avait besoin Mahler pour prendre sa décision doit être comblé et que nous avions de toute façon commencé à énumérer ses ancêtres, nous saisissons cette occasion pour parler du passé de Wilhelm Froehlich et de l'époque où il s'appelait encore William Joyce.

New York, 1906

À Brooklyn, au 1377 de la Herkimer Street, dans la maison qui fait l'angle, les États-Unis d'Amérique accueillirent le 24 avril de l'an 1906 un nouveau citoyen qui fut baptisé du nom de William par ses parents, un Irlandais catholique répondant au nom de Joyce et une Anglaise protestante. La Grande-Bretagne, l'Irlande, l'Amérique, le protestantisme, le catholicisme – quelqu'un dira plus tard que cette naissance était marquée par toutes les contradictions propres à l'Empire britannique.

Si l'on considère que c'était le premier enfant de Gertrude Joyce, on peut affirmer que l'accouchement fut étonnamment rapide, presque trop rapide ; en effet, quand le médecin arriva, le plus dur était déjà passé. Le nourrisson enveloppé dans des étoffes de gaze, courbé comme la virgule qu'il sera un jour dans l'histoire du monde, était posé contre le sein de sa mère et exerçait déjà ses cordes vocales en poussant des vagissements à percer les tympans.

Cette journée était triste et terne. Durant la nuit, une épaisse masse nuageuse était arrivée de l'Atlantique et la faible lueur de l'aube, qui de toute façon n'avait jamais été qu'une lumière maladive, n'avait pas cédé la place, au fil des heures, à une vraie lumière ; une pluie nauséabonde empestant le soufre s'abattit sur la ville et tout fut bientôt recouvert d'une fine couche poisseuse, sans compter les gigantesques trous remplis d'eau qui occupaient la chaussée. Ce qui restait du revêtement d'asphalte ressemblait à de petits îlots au milieu d'un océan de boue, véritable archipel de tristesse.

Même si William Joyce ne pouvait pas se souvenir de sa naissance, il était obsédé par l'idée que cette journée de désolation avait marqué de son empreinte tout le temps qu'il avait passé à New York et même au-delà. Chaque fois qu'il essayait de revoir son enfance, son regard était comme celui qu'il portait à travers le kaléidoscope qu'on lui avait offert quand il avait deux ans pour lui faire oublier les heures et les journées où on le laissait seul dans l'appartement. Or ce merveilleux cadeau n'avait d'abord fait qu'augmenter son effroi : la fantasmagorie onirique dans laquelle il se trouvait plongé quand il regardait à travers la lentille de l'instrument, ces images absurdement déformées rappelant des monstres hirsutes lui inspiraient une peur immense, parce qu'elles lui rappelaient les taches de lumière multicolores qui s'imprimaient sur sa rétine au moment où il s'endormait. Bizarrement, il ne cessait pourtant d'être attiré par cet objet, car la peur qu'il éprouvait devant ces images étranges lui faisait un peu oublier le vide qu'il éprouvait dans ses moments de grande solitude.

Mais le pire durant la période passée à New York, c'étaient les nuits. Le kaléidoscope était posé sur une étagère à côté de la porte, inaccessible depuis son lit à barreaux, si bien qu'il était livré à lui-même et à ce qu'il voyait autour de lui. Lors de ces moments, une chose l'effrayait particulièrement, c'était un lampadaire en forme de potence placé devant sa fenêtre, dont la silhouette singulière masquée par un rideau opaque échappait certes à son regard mais projetait au-dessus de son lit des ombres d'autant plus sinistres qu'elles étaient déformées par les plis et les replis du tissu. Il suffisait qu'un taxi déglingué déboulât tous phares allumés dans la Herkimer Street pour que ces ombres se transforment en un bras sombre prêt à s'abattre sur lui. William tirait alors la couverture sur son visage en poussant un cri muet.

Galway, 1915

Plus tard, bien plus tard, William repensait parfois à ses années d'école, et même s'il *savait* qu'à toutes les périodes de sa vie il n'avait jamais été seul sur les chemins qu'il empruntait et qu'ils avaient été parcourus par des douzaines et des douzaines de personnes, il avait toujours *l'impression* que les autres se tenaient en bordure de ces chemins et qu'il était obligé de les parcourir seul. Cette impression était due pour une part non négligeable au St. Ignatius College de Galway, une école de jésuites qui avait la réputation d'être l'une des plus dures du pays.

Ce *college* qui se situait depuis quelques années à l'ouest de la vieille ville, de l'autre côté de la rivière, était installé dans une bâtisse de trois étages en pierre grise. *Cap vers l'avenir – sur les ailes de la tradition*, telle était la devise un peu pompeuse de l'école que l'on trouvait inscrite en bas des escaliers, sur les portes des salles de classe et même au-dessus des tableaux. Et si l'on regardait bien, on retrouvait cet idéal dans l'aspect modeste de l'édifice : quand on venait de la rue et qu'on se dirigeait vers l'entrée principale, on ne manquait pas d'être frappé par une sensation de bien-être émanant du mode de construction traditionnel irlandais où chaque pierre à peine taillée par le marteau et le burin semblait avoir été directement offerte par la nature et avoir trouvé là sa place. Mais dès qu'on franchissait le seuil, on était soudain entouré de murs en béton brut d'où émanait, été comme hiver, une froideur sépulcrale qui transperçait les os.

William avait longtemps refusé d'aller dans cette école et son père avait eu recours à des trésors de patience et une grande force de conviction pour persuader son fils. Il avait été obligé d'augmenter son argent de poche de deux shillings et demi et de lui promettre de l'accompagner, le premier jour, jusque dans sa classe. Mais alors qu'ils marchaient tous les deux dans le long couloir sonore, le père avançant d'un pas décidé, le fils écarquillant les yeux et serrant de plus en plus fort la main de son père, un regain de résistance se manifesta chez William. Il s'arrêta brusquement, refusant tout net de faire un pas de plus. Ce n'est que lorsque son père lui eut assuré qu'en aucun cas il ne le laisserait rejoindre seul sa classe et qu'il eut posé, pour le prouver, un baiser furtif sur sa joue, que William voulut bien se remettre en marche.

Le maître dit au nouveau de prendre place afin de pouvoir échanger tranquillement quelques mots avec son père ; William obtempéra non sans hésitation, bien décidé à ne pas quitter des yeux les deux adultes ; mais son attention fut bientôt attirée par son voisin de pupitre, un garçon joufflu avec des cheveux aux reflets roux qui l'examinait avec curiosité. William aussi observa longtemps et attentivement son voisin et après un moment de tergiversations il en arriva à la conclusion que ce dernier méritait d'être initié à un secret. Il lui souffla qu'il s'appelait William et, après une pause bien calculée, il ajouta fièrement que la rue qui menait au *college* s'appelait comme lui : *William Street.*

Contre toute attente, le rouquin ne se montra guère impressionné et lui demanda qui lui avait raconté ça.

Mon père, répondit William, ce qui ne provoqua qu'un sourire moqueur chez son camarade qui chercha à savoir si son père lui avait dit aussi que la William Street s'arrêtait trois cents mètres avant le *college* et qu'en venant de l'ouest, comme ils l'avaient sûrement fait, elle ne permettait pas d'arriver à l'école mais simplement d'en repartir.

Ce fut au tour de William de froncer les sourcils d'un air moqueur. Convaincu que ce n'était qu'une galéjade, il se tourna vers son père qui, à n'en pas douter, allait vite remettre à sa place ce poil de carotte. Mais à sa grande stupéfaction, il n'aperçut plus que le maître en train d'écrire sur le tableau noir d'une écriture pointue cette maxime italienne que William ne comprit pendant des années qu'avec la part inconsciente de son cerveau : *Un uomo non educato dal dolore riman sempre bambino.*

Plus aucune trace de son père. Là où se trouvait tout à l'heure sa silhouette massive, le regard ne rencontrait qu'un crucifix en acier supportant un Christ à l'agonie, nu, tête baissée, couvert de sang. L'espace d'un instant, William, qui à l'époque déjà avait une tendance à l'exaltation, se reconnut dans la figure du fils de Dieu trahi par les siens.

Furbogh Beach, 1916

Durant les premières années de notre vie, quand nous apprenons à parler, nous avons l'impression que chaque mot correspond à une réalité, que chaque mot est automatiquement et immuablement lié à un objet. C'est ainsi que, quand nous prononçons par exemple le mot *pierre*, nous sommes convaincus que cette suite de sons répond à une réalité précise, de la même façon que nous croyons que, lorsque nous prononçons le mot *faim*, il *correspond* à un appel du ventre. Ce n'est que progressivement que nous nous rendons compte que le lien qui unit un mot à l'objet désigné par ce mot n'est pas aussi direct que nous le pensions et qu'il y a souvent un gouffre entre ce qui est dit et ce qui veut être dit. L'instant où William prit conscience de cet état de fait resta gravé au fer rouge dans sa mémoire et il lui sembla significatif que le mot « commun » désignant jusque-là pour lui uniquement le lien entre le mot et l'objet voulait aussi dire « vulgaire ».

Depuis des semaines il était question en classe de la faune marine, et partant des côtes occidentales irlandaises on s'était aventuré dans le vaste monde, progressant jusqu'à la mer Blanche, les Caraïbes, l'océan Indien et les profondeurs du Pacifique ; et lorsque c'était possible, on était allé chercher dans le grenier de l'école des lithographies coloriées ainsi que des cartes en couleur et parfois même en relief. Mais se rendre sur place était quand même le meilleur moyen d'apprendre, avec l'océan Atlantique quasiment devant la porte. Ainsi toute la classe était partie un jour d'automne à quelques miles de la ville pour rejoindre l'une des plages qui marquent la limite nord de la baie de Galway, avant le début des grandes tempêtes d'hiver qui auraient rendu cette excursion totalement impossible. On verrait là des algues et des coquillages. Il avait été aussi question de petits poissons, d'escargots des mers, de méduses échouées et bien sûr de crabes partout présents sur ces côtes. Chaque fois que le maître évoquait ces animaux armés de pinces, William était parcouru d'un frisson de plaisir et aussitôt lui revenaient à l'esprit les images qui avaient été montrées en classe et qui prenaient de plus en plus de place dans son esprit. Il voyait le ciel d'un bleu profond, la végétation tropicale d'un vert saturé et surtout toute une armée de crabes d'un rouge flamboyant, qui, comme obéissant à un ordre venu d'on ne sait où, se mettaient soudain à marcher en ordre de bataille soit de la mer vers la terre, soit de la terre vers la mer. Ces invasions le fascinaient et il imaginait *l'île Christmas* au nord de l'Australie envahie par ces migrations de crabes rouges. William y revenait sans cesse, il en parlait le soir à table avec ses parents et il essayait aussi d'en parler avec ses camarades, sans grand succès toutefois. Ses efforts ne restèrent pas sans lendemain, dans la mesure où ses condisciples profitèrent de l'occasion pour lui donner le sobriquer de *red crab*, qui n'était pas sans référence à ses origines anglaises. William ne s'en offusqua pas le moins du monde, peut-être parce qu'il n'y voyait aucune allusion à sa mère et ne percevait pas non plus le déplacement sémantique sur lequel insistaient quelques garnements en prononçant le B comme un P. Quoi qu'il en soit, tout cela lui paraissait acceptable, il n'y voyait aucun mal et il considérait même qu'être comparé à un crabe rouge était un compliment puisque ces animaux solidement armés ne manquaient ni de noblesse ni de persévérance.

William brûlait donc d'impatience de découvrir la baie de Galway, et sa déception ne fut que plus amère quand il arriva sur place après un trajet en car sur des routes horriblement défoncées. C'était une journée d'automne grise et humide ; l'eau stagnante de la baie sentait le remugle et l'étendue désolante qui s'offrait à lui n'était qu'un vaste marécage répondant au nom de Furbogh Beach où la dernière marée avait laissé un écheveau d'algues peu engageant. Bref, le spectacle était une offense à tous les sens.

Et les crabes ? Eux non plus n'avaient absolument rien à voir avec les images qu'il avait dans la tête. Avec leur carapace sans éclat dont la couleur oscillait entre le brun et le gris, avec leurs pattes souvent abîmées et leurs pinces émoussées, ils faisaient piètre impression et on avait presque honte de les voir errer d'une flaque fétide à une autre, sans but précis, et s'affronter de façon absurde quand le hasard les mettait face à face.

Le maître expliqua qu'il s'agissait là du crabe commun tel qu'on le trouvait sur les côtes de l'ouest de l'Irlande. William se replia en lui-même, ses épaules s'affaissèrent et son dos s'arrondit. Pourtant cette explication eut chez lui un écho douloureux. Cette foule animale qui errait de-ci, de-là sans ordre et sans contrôle, qui se querellait de façon absurde, trouvait son équivalent exact dans les agissements de cette classe qui chahutait, où tout le monde poussait tout le monde dans la fange et la vase en se jetant des poignées de boue. Et soudain William comprit pourquoi on lui reprochait d'être différent, avec une âpreté de plus en plus accrue au cours des dernières semaines. La jalousie de ces Irlandais abrutis n'ayant jamais connu autre chose qu'un brouillard poisseux avait fini par déteindre sur eux ; c'était la jalousie d'indécrottables catholiques envers ce qu'il y avait de britannique en lui, cette part intime qui trouvait son reflet dans les crabes flamboyants de l'île australienne, ces nobles animaux étincelants qui sortaient d'une eau cristalline tandis que leur carapace brillait, magnifique sous le soleil éternel de l'Empire britannique – telles étaient les pensées qui tournaient avec plus ou moins d'emphase dans la tête de William quand elles furent soudain stoppées net : il venait de recevoir un paquet de boue en pleine joue.

Le maître continuait à donner des explications sur les crabes dont il prit délicatement un exemplaire pour mieux se faire comprendre. L'animal se mit à agiter ses pattes en essayant d'attraper avec ses pinces l'un des doigts qui le tenaient. Il finit par y parvenir. Le maître poussa un cri et l'intérêt des élèves pour ses explications se réveilla d'un seul coup. Seul William restait à l'écart. On lui avait promis monts et merveilles et rien, absolument rien n'était au rendez-vous.

Dans sa déception, le premier réflexe de William fut d'attribuer toute la faute au maître. Mais pendant le trajet de retour, il commença à se dire que c'était la langue elle-même qui devait être responsable de l'écart entre ce qui était dit et ce qui était signifié, que ce système étrange devait être vicié depuis la racine, s'il permettait à ceux qui l'utilisaient de formuler une promesse en rapport avec un objet éloigné dans le temps et dans l'espace et incapable d'y répondre vraiment. C'est à ce moment précis, durant le trajet entre Furbogh Beach et Galway, que la langue perdit toute innocence à ses yeux. Une fois rentré chez lui, fort de cette constatation, il décida de faire dorénavant preuve d'une grande méfiance envers la langue, même si elle se révélait du même coup être la porte ouvrant sur un monde plein de tentations, qu'il serait possible de mettre à profit pour peu qu'on sût s'y prendre.

Galway, 1918

Beaucoup plus tard, bien des années après, alors que William vivait depuis longtemps à Londres puis à Berlin, il lui fut donné de saisir l'admiration réciproque qui l'unissait à M. Ian Beatwell, son professeur de latin. On ne risque guère de se tromper en disant que William était le seul de tous ses camarades à éprouver ce genre de sentiment pour M. Beatwell.

C'est peu dire que les méthodes d'enseignement de M. Beatwell étaient radicales. Pour bien faire rentrer les conjugaisons latines dans la caboche des élèves récalcitrants, il n'hésitait pas à leur cogner la tête contre le radiateur, et ce n'est pas par hasard si les sombres marches de granit allant de la salle de classe au vestibule de l'entrée avaient été surnommées par les élèves *la roche Tarpéienne*, car de la même façon que les condamnés de la Rome antique expiaient leurs crimes en étant précipités de la falaise proche du Capitole, nombre d'élèves étaient poussés sans ménagement dans ces escaliers par la main du maître souverain.

William avait vite été repéré par M. Beatwell, mais de façon négative : ses devoirs étaient en effet toujours impeccables et il avait toujours la meilleure note lors des examens. Beatwell ne doutait pas un instant qu'il y avait là anguille sous roche et qu'il n'allait pas tarder à découvrir le pot aux roses. Beatwell savait comment s'y prendre : il suffisait d'interroger l'élève au débotté.

Leçon après leçon, semaine après semaine, il s'adressait sans crier gare à William, lui faisait réciter ses déclinaisons, lui posait des questions sur le vocabulaire récemment appris, finissant même par le sonder sur des sujets qui ne seraient abordés que l'année suivante – peine perdue.

Et à un moment donné, M. Beatwell dut bien se rendre à l'évidence : ce garçon possédait un don des langues si rarissime qu'il n'en avait jusque-là rencontré qu'une seule fois dans sa vie – à son endroit.

Ce moment fut une véritable révélation pour M. Beatwell. Il était devant le miroir du lavabo des toilettes réservées aux professeurs et, en pensant à cet élève d'exception, il se reconnut. Cette soudaine anagnorisis remplit son cœur endurci d'une chaleur qu'il n'avait plus éprouvée depuis longtemps. Le même talent débordant, la même énergie irréductible, la même puissance d'esprit qui voulait faire exploser les limites de la condition humaine. Beatwell devinait que cette puissance était pareille à la tension d'un arc : si on ne la canalisait pas, si on ne la maîtrisait pas, elle pouvait brusquement céder et se retourner contre celui qui l'exerçait.

Il avait d'ailleurs appris peu auparavant que, lors d'une messe où William officiait comme enfant de chœur, ce dernier avait agité l'encensoir avec une telle ferveur au moment d'entrer dans l'église que la cassolette, profitant de cette généreuse force centrifuge, s'était détachée des chaînettes qui la retenaient pour s'envoler sous la voûte et décrire dans l'espace une courbe de Gauss (quand $\mu = -2$ et $\sigma^2 = 0{,}5$) sur toute la longueur de la travée centrale avant d'atterrir avec fracas devant l'autel au milieu des oh et des ah.

Beatwell, qui était aussi l'entraîneur de l'équipe de rugby de l'école, avait pour sa part observé un incident analogue, un samedi après-midi, lors d'un match de qualification contre l'équipe rivale de Limerick. William était petit mais robuste et de ce fait rapide, agile et toujours prêt à en découdre, un joueur dont on ne pouvait se passer. Mais il avait la fâcheuse tendance à prendre le ballon à ses propres équipiers pour courir dans la mauvaise direction et jouer contre son camp. L'arbitre avait beau l'avoir rappelé plusieurs fois à l'ordre, rien n'y faisait, si bien que Beatwell n'avait eu d'autre choix que de le sortir du terrain pour le remplacer.

This boy will become something very great, dit à la fin du match M. Donavan, un collègue de M. Beatwell, tout en essuyant les verres de ses lunettes. Puis, après les avoir remises sur son nez, et comme s'il pouvait ainsi mieux discerner les choses, il ajouta : *Or he will finish at the end of a rope.*

Galway, 1921

Une seule fois William avait vu ce voile gris à nul autre pareil qui vient se poser sur les yeux d'un mourant, et jamais il n'avait pu oublier ce moment.

La guerre faisait rage depuis maintenant deux ans avec son lot grandissant de violences et de cruautés. Entre les quartiers et les écoles, entre les villages et les familles, dans les clubs de lecture, les sociétés scientifiques et les cafés – partout se creusaient des fossés qui emportaient et évacuaient peu à peu cet amour du prochain pourtant élevé sur le pavois autant par les catholiques que par les protestants. Toute l'Irlande était devenue un no man's land aride où ne prospérait plus que la haine.

Les Britanniques étaient opposés aux Irlandais, les protestants aux catholiques, les loyalistes aux nationalistes et les conflits étaient si inextricables qu'il était difficile de donner un nom à ce qui se passait partout tous les jours. Les Irlandais parlaient de *guerre d'indépendance*, tandis que les Britanniques, faisant preuve de plus de retenue, évoquaient des *troubles*.

Il était déjà tard lorsque William quitta la caserne du château de Lenaboy et la nuit tomba d'un seul coup comme un sombre rideau. Les rues étaient désertes et silencieuses, on n'entendait que le bruit monotone de la pluie qui dessinait des fils d'or devant les quelques fenêtres éclairées dont la lueur chaude augmentait encore l'impression d'obscurité et d'humidité.

Soudain trois coups de feu déchirèrent le silence. Il y eut un cri bref, puis plus rien. William se mit à courir sans réfléchir, et avant même de savoir s'il s'éloignait ou se rapprochait de l'endroit d'où étaient partis les tirs, il avait déjà tourné à l'angle d'une rue et s'était immobilisé. Les réverbères diffusaient une lumière rouge qui se reflétait dans trois flaques où frissonnait une eau noire. Allongé au milieu, un homme vêtu d'un manteau de policier se tordait de douleur. William s'agenouilla pour lui faire du bouche-à-bouche. Il releva la tête de l'homme, prit sa respiration et souffla de toutes ses forces. Il répéta plusieurs fois l'opération mais seul du sang sortait de la bouche du mourant qui devenait de plus en plus lourd à mesure que son regard s'éteignait.

William resta un moment agenouillé près du corps, le souffle court, le cœur battant, incapable de détacher son regard de ces yeux restés grands ouverts où se lisait encore la stupéfaction que l'homme avait dû éprouver au moment où les coups de feu l'avaient atteint. Il ressemblait à une photographie de lui-même rappelant un instant à jamais disparu.

William sentit des larmes couler sur ses joues et il fut submergé par le désir de tout donner pour que cet inconnu qu'il tenait encore dans ses bras pût revenir à la vie. Puis il reposa le corps, se releva lentement et s'éloigna à pas mesurés tandis que la nuit pesait impitoyablement sur les toits.

Le lendemain matin, après une nuit agitée où il n'avait pas dormi plus d'une heure, William se leva avec l'impression amère et tenace d'être un traître, torturé par l'idée qu'il avait abandonné cet inconnu dans ses derniers instants. Il se reprochait de ne pas avoir pu le sauver ou du moins de ne pas être resté auprès de lui jusqu'à l'arrivée des secours.

Avant même de prendre son petit déjeuner, il retourna sur les lieux du drame, et bien qu'il se doutât que le corps avait déjà été enlevé et que la pluie avait effacé toutes les traces, il fut étonné de constater que, là où quelques heures auparavant un homme était mort, on ne voyait plus rien.

Dublin – Liverpool, 1922

William se souvenait très bien de sa première gorgée de bière, ce moment où le liquide brun et épais comme une soupe avait coulé dans sa gorge tandis qu'une fine moustache d'écume s'accrochait à sa lèvre supérieure, cet arrière-goût amer – toutes ces sensations restaient imprégnées au fond de sa mémoire et en vertu de quelque équivalence synesthésique il croyait percevoir une relation entre ces impressions et ces époques nouvelles dont il pressentait obscurément la venue.

Tout de suite après l'embarquement, les Joyce étaient montés sur le pont arrière du bateau, et pour fêter cette journée, car s'ils n'étaient pas totalement en sécurité ils étaient au moins provisoirement hors de danger, le père était vite allé à l'épicerie en bas de chez eux avant de partir et avait acheté un carton de six bouteilles de stout. Et comme sa femme lui avait demandé s'il comptait boire ça tout seul, il avait tendu, bien qu'à contrecœur, une bouteille à son fils. Celui-ci avait d'abord été étonné puis content et même un peu fier que son père l'intègre d'une certaine façon parmi les adultes. Et c'est ainsi qu'ils se retrouvaient maintenant tous les deux accoudés au bastingage, à la poupe du navire, buvant chacun leur bière et regardant leur patrie s'éloigner lentement pour n'être plus à l'horizon qu'une ligne incandescente se dissipant à jamais.

Une semaine plus tôt, un soir, deux individus avaient surgi de l'obscurité et gratté à la porte du numéro 1 de la Rutledge Terrace. Aucun bruit de pneu sur le gravier pour les annoncer, aucun claquement de portière, ils étaient simplement là, aussi menaçants que la mort.

Ils leur avaient dit qu'ils avaient une semaine, et quand le père, interloqué, leur avait demandé une semaine *pour quoi*, la voix s'était faite précise et incisive : une semaine pour déguerpir.

Le père avait dit qu'il était irlandais et qu'il était ici chez lui.

Plus maintenant.

Je n'ai aucune intention de quitter mon pays.

Vous devriez.

Sinon ?

Dans ce cas…

Dans ce cas, quoi ?

On serait hélas obligé de leur régler leur compte.

Une semaine. Tout était allé étonnamment vite. Il avait fallu trouver quelqu'un pour la maison, se procurer des papiers, choisir une destination, prendre des billets, avertir des parents en Angleterre, boucler les bagages et faire transporter les meubles. Impossible apparemment d'organiser tout ça en si peu de temps et pourtant ils y étaient arrivés avant de prendre finalement le train pour Dublin. Et maintenant ils se retrouvaient tous les trois sur le ferry qui les emmenait à Liverpool, avec le père et le fils en train de siroter leur bière, cet ultime lien avec l'Irlande, qui perdait de sa saveur à chaque minute.

William prit une longue gorgée, leva les yeux et contempla longtemps la mer aux reflets blancs sans pouvoir rassembler ses pensées. Son père avala lui aussi une longue gorgée et après avoir montré la bouteille d'un mouvement du menton, il le regarda et lui demanda : Elle est comment ?

William réfléchit un moment.

Amère, dit-il.

Worcester, 1922

Pour William, il avait toujours été clair que sa fuite en Angleterre n'était pas la fin d'une période de sa vie et le début d'une nouvelle mais au contraire la continuation de ce qui avait commencé à Galway : certes il n'avait pas souvent fait office de mouchard au service des milices pro-britanniques, mais on pouvait quand même affirmer à bon droit (tel était du moins son avis) qu'il avait combattu pour la couronne et pour l'Empire, et il était fermement décidé à poursuivre dans cette voie.

Peu après son arrivée, il se rendit à Worcester, avec l'accord de ses parents, pour s'enrôler dans l'armée. Quand les officiers qui le trouvaient bien jeune lui demandèrent son certificat de naissance, il répondit sans sourciller qu'il ne possédait pas de document pouvant attester de sa date de naissance, tout simplement parce qu'on ne le lui avait jamais délivré, ajoutant qu'en Irlande où il était né les choses n'étaient pas aussi rigoureuses qu'ici. C'était bien sûr un mensonge, mais après tout ce que les officiers avaient entendu ces dernières années à propos des Irlandais, ils le crurent sur parole.

Ses camarades considéraient William comme un gentil *queer fish*, non seulement en raison de son accent bizarre mais aussi parce qu'ils avaient beaucoup de sympathie pour lui. Son humour à toute épreuve, son ironie acérée dont il retournait parfois la lame contre lui-même – tout cela leur rendait un peu plus supportables les désagréments de la formation qu'ils étaient obligés de suivre.

Il amusait surtout la galerie quand il se mettait à exagérer de façon théâtrale son amour de la patrie avec une assurance qui oscillait entre ridicule et ferveur. Dans la caserne, il ne passait jamais devant un drapeau de l'Union Jack sans saluer ; quand quelqu'un dans le dortoir entonnait le *God Save the King*, il sautait de son châlit, claquait des talons et se tenait au garde-à-vous jusqu'à la fin de l'hymne.

Ses camarades, dont presque aucun n'avait jusque-là quitté les Midlands, s'amusaient de ses gaudrioles, tant il leur paraissait grotesque d'insister autant sur le sentiment d'appartenance à une nation. La patrie, la langue, la religion – pour eux, tout cela allait de soi. Ils étaient incapables de porter un quelconque intérêt aux questions que leur posait William sur ces sujets ; tout ce qui les intéressait c'était le rugby, les filles et les bals. Bien sûr cela peinait William, mais il se rendait compte que l'uniforme qu'il avait tant désiré porter et le plaisir de se retrouver au milieu des siens n'avaient pas la même signification pour ses camarades que pour lui, car jamais on ne leur avait contesté ou reproché leur sentiment d'appartenance à un pays. Il était parfois titillé par l'idée abstruse que c'étaient ces satanés Irlandais tant détestés qui avaient fait de lui un sujet britannique.

Londres, 1924

Dans l'espoir sans doute vain de chiper aux libéraux un siège au Parlement, Jack Lazarus s'était porté candidat dans la circonscription de Lamberth North. Quand William Joyce accepta de s'occuper de la sécurité de la salle où devait avoir lieu la réunion en vue des élections, il ne se doutait pas que cette soirée allait lui laisser un rictus indélébile sur le visage.

Comme il avait été impossible de dénicher une vraie salle, on s'était rabattu sur les bains publics qu'on avait aménagés en conséquence. Là où se trouvaient d'habitude des nageurs en train de se nettoyer les oreilles et de se sécher les orteils avec un coin de serviette se dressait maintenant un pupitre en bois de chêne authentiquement anglais derrière lequel ondulait sous l'effet d'un léger courant d'air un Union Jack en pur coton ; tous les murs étaient recouverts de portraits en provenance des dominions, des colonies et des protectorats britanniques ; chaque rangée de chaises était ornée de rubans, de cocardes en papier et de fanions bleu-blanc-rouge. Toutes ces décorations patriotiques n'avaient qu'un seul but qui pouvait être résumé ainsi : la Grande-Bretagne est grandiose.

La soirée commença calmement. Un orateur fit ce pour quoi il avait été engagé : un discours. Puis arriva celui que ses concurrents avaient plusieurs fois déclaré mort, prouvant par là qu'il savait ressusciter. Le public écoutait attentivement ses propos parfois interrompus par de rares mais frénétiques applaudissements. Soudain, alors que la réunion tirait à sa fin, des bruits se firent entendre près de la porte d'entrée et très vite la salle fut envahie par des individus dont certains se précipitèrent sur l'estrade et essayèrent d'arracher l'Union Jack. Il s'ensuivit un désordre général qui dégénéra en un pugilat non moins général au cours duquel une lame de rasoir atteignit le cou de William Joyce. Heureusement arrêtée par un foulard, la lame dévia et glissa jusqu'à la commissure des lèvres, ouvrant toute la joue droite d'une large entaille sanglante.

Londres, 1931

William Joyce s'était souvent dit que ce qui caractérisait son existence depuis vingt-cinq ans, depuis sa naissance, c'était un profond sentiment d'incertitude. Dès son enfance, l'avenir lui avait toujours paru incertain, et quand il regardait en arrière il avait désormais la même impression de confusion et d'incohérence sur son passé.

Chaque fois qu'il se laissait aller à cette pensée qui le tourmentait, il voyait défiler devant ses yeux cette étrange suite d'événements qui l'avait conduit jusqu'à Londres où il habitait maintenant sur la rive nord de la Tamise, en face de la Traitors' Gate. Il exerçait le métier d'instituteur, il était marié et deux fois père de famille, il avait une prédilection pour les échecs, les improvisations au piano et les arbres ; il ne savait pas conduire et détestait le fromage. L'ombre d'un réverbère sur le mur de sa chambre, l'austère bâtiment de l'école des jésuites, M. Beatwell, l'odeur de l'encens et la lumière kaléidoscopique des vitraux, les coups de feu dans la nuit, un regard qui s'éteint, le goût amer d'une bière irlandaise, la gadoue de Worcestershire, l'Officers Training Corps à la London University, l'inscription au Polytechnic Institute de Battersea, l'examen d'entrée suivi d'un échec cuisant, le Birkbeck College, cours d'anglais et d'histoire contemporaine, l'adhésion à la British Fascists Limited, la douleur froide d'une lame de rasoir, les fleurs et les applaudissements de la cérémonie de clôture, le mariage avec Hazel et les cris perçants de son premier bébé, sa candidature au Foreign Office et le refus qui lui avait été adressé, quelques demandes de cours particuliers, la naissance de sa seconde fille – tout cela n'était pour lui qu'une suite de hasards. Il se disait que les choses auraient tout aussi bien pu prendre un autre cours et au moindre méandre partir dans une autre direction.

Absurde, tel était le mot qui lui venait à l'esprit lorsqu'il repensait à son passé, absurde, aberrant et incohérent. S'était-il marié très tôt, avait-il eu très tôt des enfants pour donner à son existence une apparence de consistance, pour avoir le sentiment d'être arrivé à quelque chose ? Peut-être. Et en même temps, quand il regardait ses petites filles, leur visage délicat et doux, leur petit corps sans défense, il ressentait encore plus intensément la vanité de tout effort en vue d'un but particulier. Elles non plus ne seraient pas épargnées par la froideur du monde qui les entourait, elles non plus n'étaient pas faites pour cette époque nouvelle, pour cette *ferrea aetas* où l'homme moderne menait une existence misérable. Même l'attention la plus touchante ne pouvait rien contre cet état de fait.

Quand William en arrivait à ce stade de ses réflexions, il sentait une pression sur sa poitrine et il avait du mal à respirer. Il crachait dans les eaux jaunâtres de la Tamise et regardait l'écume de son crachat emportée par les flots disparaître dans la brume où le spectre du Tower Bridge se dressait comme une double potence.

Windsor, 1934

À quel moment William Joyce était-il devenu l'un des fascistes les plus célèbres et les plus influents de Grande-Bretagne, et comment avait-il fait pour se hisser soudain sur le devant de la scène ? Les gens se posaient la question, profondément étonnés, et William Joyce ne l'était pas moins lorsque, se retrouvant par une belle et chaude journée d'été à Windsor, dans un café au bord de la Tamise, en train de siroter un porto, il vit son nom imprimé sur la première page d'un journal que tenait ouvert devant lui un homme grassouillet engoncé dans un costume trop petit.

Vers midi, il avait pris un train de banlieue et s'était rendu à Datchet pour se changer un peu les idées, et il s'était senti si bien que, sans s'en rendre compte, il avait fait un petit crochet par Eton College jusqu'à Windsor où il avait atterri dans l'un des nombreux cafés au bord de l'eau. Il n'avait réalisé où il se trouvait que lorsque, soudain entouré par la joyeuse compagnie des excursionnistes venus de Londres ou de Reading qui avaient quitté leur grosse veste en tweed et se prélassaient sur des chaises pliantes en exhibant sans vergogne leurs bretelles tendues sur leur chemise, il avait lu son nom sur un journal.

Il était en proie à une certaine confusion. Dans son souvenir la vie ressemblait à un accordéon dont le soufflet ouvert était la plus longue période de sa vie, si bien que les années qu'il avait passées à New York et Galway se présentaient à lui comme d'infimes détails, alors que les dernières années étaient amalgamées et comprimées en un sombre imbroglio. Seules quelques personnes s'en détachaient, il y avait Oswald Mosley, le chef de la British Fascist Union, qui, bizarrement, ressemblait à s'y méprendre à Charlie Chaplin, et son ami John Beckett qui, à cause de son regard un peu évanescent, n'était pas sans rappeler Oscar Wilde.

Il était difficile de s'y retrouver dans les partis, les mouvements et les courants fascistes de cette époque. Ils se côtoyaient, s'opposaient, concluaient des accords qui engendraient aussitôt des groupuscules dissidents surgis de nulle part, si bien qu'on pouvait soudain se retrouver après un week-end à Brighton ou Southend-on-Sea dans un parti dont on n'avait encore jamais entendu parler. William avait œuvré dans nombre de ces *movements*, *clubs* et *parties*, mais il n'arrivait pas à se souvenir, même avec la meilleure volonté du monde, comment ils s'appelaient.

S'il faisait un effort de concentration, il ne gardait que deux images de ces dernières années, et les deux étaient bizarrement le fruit de son imagination : d'une part Oswald Mosley dans son lit, presque entièrement recouvert par une couverture grise d'où ne dépassait que son visage blême et luisant de sueur, ainsi que ses pieds poilus à l'autre extrémité. Par une froide soirée de novembre, on avait appelé Joyce pour lui demander instamment de remplacer son chef cloué au lit par une phlébite, une première fois pour un meeting à Streatham et une seconde fois au stade de Liverpool.

Et puis, Dieu sait pourquoi, il se souvenait aussi d'une femme, une certaine Miss White (vu le ton désuet de sa lettre, elle devait avoir la cinquantaine, du genre à porter un costume en tweed vert, avec des lunettes à monture métallique et un parapluie posé sur les genoux) qui s'était adressée à lui, alors qu'il dirigeait le bureau de propagande du parti. Il se l'imaginait parfaitement, il voyait son visage se plisser pendant qu'elle lisait la lettre qu'il lui avait écrite pour décliner son offre de participer à une table ronde quelque part dans le nord de l'Angleterre et d'y présenter la position des fascistes. Il y avait vraiment des gens bizarres, se disait-il en repensant à cette brève correspondance, et son regard embrassant la terrasse du café remplie de visages rendus écarlates par la consommation de bière ou l'ardeur du soleil d'août lui confirmait son jugement.

Carlisle, 1934/35

Son docteur savait découper les sujets comme du pain frais, il était éloquent et pertinent, c'était ce qui plaisait à Margaret. Oui, *son docteur*, comme elle disait, même si ça ne correspondait pas à la stricte vérité. Au départ, simple étudiant en médecine à Glasgow, il était encore loin, à l'époque, de pouvoir obtenir un titre universitaire, et tout aussi loin de devenir « son » docteur. Mais il la laissait faire, car il n'avait jamais rechigné devant les lauriers même prématurés, et si ce petit mensonge lui permettait d'atteindre plus vite son objectif, il n'allait pas s'en plaindre.

Ils s'étaient connus à Carlisle, à la frontière écossaise ; Margaret travaillait comme secrétaire chez Morton Sundour et le soir, quand elle sentait le besoin de se vider la tête et d'oublier le bruit de sa machine à écrire, elle se rendait dans un petit café du centre-ville. Pendant que ses doigts gourds se réchauffaient contre la tasse d'un darjeeling, elle écoutait la rumeur agréable des conversations autour d'elle.

De son côté, le docteur résidait la plus grande partie de l'année à Glasgow, mais pendant les vacances qu'il passait dans sa famille à Carlisle, il allait presque tous les jours au café pour y lire les journaux ou tenir un peu compagnie à sa sœur qui officiait de temps à autre derrière le comptoir. Margaret et lui avaient donc souvent l'occasion de se voir, et comme cela arrive entre habitués, ils se faisaient de temps en temps un petit signe de tête, au café mais aussi parfois dans la rue quand il leur était donné de se rencontrer.

Un soir, Margaret entendit le docteur parler à sa sœur debout derrière le comptoir de la rigidité cadavérique, et comme Margaret était tombée dans une profonde réflexion parce que l'on parlait en anglais de *rigor mortis*, mais que la rigidité elle-même se nommait bizarrement *rigour*, elle ne se rendit pas compte qu'elle s'était soudain levée de sa chaise pour passer à la table d'à côté afin d'attirer l'attention du docteur étonné et de sa sœur non moins stupéfaite sur ce détail singulier. La surprise du frère et de la sœur se dissipa bien vite, la conversation dura toute la soirée et le lendemain, lorsque le docteur se retrouva au café, il l'invita tout naturellement à prendre le thé. Une chose en entraîna une autre : Margaret n'accepta qu'à la condition de lui rendre la pareille la fois suivante. Le docteur accepta mais, ne voulant pas en rester là, il l'invita ensuite à boire une bière, puis ils se retrouvèrent un soir au restaurant et enfin chez lui.

L'histoire aurait pu s'arrêter là ou au contraire prendre un nouveau départ – sauf que Margaret entretenait avec la médecine un rapport fort singulier, marqué par une grande ambivalence. Son aversion pour les médecins n'avait rien à voir avec les lieux communs qui, chez nombre d'individus, nourrissent ce sentiment. Elle avait oublié depuis longtemps les pincements au bras pour détourner son attention de la piqûre de l'aiguille, de la même façon qu'elle avait oublié la cruauté perfide avec laquelle on avait un jour soigné ses blessures quand elle était tombée de vélo. Non, la chose avait des racines plus profondes.

Margaret savait que les médecins pouvaient être précieux et surtout elle voyait bien que la société, quelle qu'elle fût, les jugeait utiles. Mais en même temps elle considérait que la médecine n'avait rien de réellement productif, rien qui fît avancer les choses. Si l'on regardait objectivement la situation, les médecins n'étaient rien d'autre que des mécaniciens qui n'*imaginaient* pas de nouveaux véhicules, n'en *produisaient* pas et ne les *amélioraient* pas vraiment. Non, les médecins ne faisaient que réparer, ils s'occupaient de ce qui n'allait pas, de ce qui bloquait, de ce qui était déficient, ils étaient là pour parer à la fameuse et ultime éventualité que tout le monde cherchait à éviter. Mais avec quel effet ? Changeaient-ils quelque chose dans le monde ? Absolument pas. Pire encore : ils contribuaient juste au maintien d'une société dans son état du moment. Grâce à eux, tout restait bien en place et c'est précisément pour cette raison qu'ils jouissaient d'une grande estime, même dans les systèmes les plus pourris. Les médecins, c'était la réaction à l'état pur, ils n'avaient besoin ni de courage ni de caractère. Depuis la nuit des temps, les médecins servaient la soupe aux éternels conservateurs.

Telles étaient les idées et les convictions de Margaret sur la médecine, et même si elle n'en disait pas un mot face au docteur, elle ne manquait pas de faire montre d'une bonne dose d'ironie quand elle l'appelait par son prénom et elle ne pouvait pas s'empêcher non plus de lancer çà et là quelques piques contre sa « science », mot qu'elle mettait toujours entre guillemets.

Le docteur, quant à lui, trouvait Margaret, comme il ne tarda pas à s'en apercevoir, un peu trop investie ; à son avis les questions de politique et de société dont elle débattait n'étaient pas du ressort d'une jeune femme. À cela vint s'ajouter l'histoire de l'Union des fascistes dont elle était membre depuis un certain temps. Même si, *en soi* et *a priori*, il n'avait rien à objecter contre ces prises de position, il estimait quand même que Margaret n'avait pas nécessairement besoin de s'engager, et il ne manqua pas de lui redire au cours d'une promenade dans le golfe de Solway.

Comment ça : pas besoin ?

Économiquement parlant, précisa le docteur. Elle avait une bonne situation, elle était bien payée, ses horaires étaient corrects.

Ce n'est pas la question.

Et c'était quoi la question ?

Il n'y comprenait rien.

Il espérait qu'elle comprenait au moins elle-même toutes ces choses, touchant par là et sans le savoir un point sensible. Effectivement, Margaret ne pouvait pas dire pour quelle raison précise elle s'enthousiasmait pour Mosley et ses idées, et c'est sans doute pour cela qu'elle accepta sans hésiter lorsqu'un collègue de travail lui demanda si elle voulait l'accompagner à une réunion des Chemises noires en Écosse où allait parler un certain William Joyce venu de Londres.

Dumfries, 1935

L'Écosse donc. Des collines couleur de tweed, des petits ponts en pierre brute, des lacs profonds et mystérieux, des rivières aux eaux sombres sinuant comme une nuit épaisse au creux des vallées. Certes, rien de très nouveau pour la petite troupe venue de Carlisle, il n'avait pas fallu rouler longtemps pour arriver à la frontière et le paysage n'avait presque pas changé. Mais le déplacement pour lequel on avait loué un minibus avec fenêtres panoramiques et de jolies décorations en chrome en valait la peine. Avec son discours, ce Joyce de Londres avait vraiment cassé la baraque, tout le monde s'accordait sur ce point, alors que d'habitude ils aimaient bien se chamailler. C'était un risque-tout, un vrai casse-cou, aucun doute là-dessus, et ça avait bien plu à la petite troupe ainsi qu'au public d'une façon générale. Il avait parlé librement, *parfaitement* librement – il fallait insister là-dessus –, et chacune de ses phrases semblait venir du cœur. Il avait même répondu aux questions avec une telle rapidité qu'on pouvait se demander si ces prises de parole étaient aussi spontanées qu'elles en avaient l'air. Quoi qu'il en soit, on avait l'impression d'être face à un orateur de premier ordre que rien ne déstabilisait : aucune attaque n'avait de prise sur lui, il ripostait à chaque assaut en mêlant ironie et cynisme, déformait les propos de ses amis comme de ses ennemis en pinaillant ou en jouant sur les mots et ses attaques arrivaient toujours quand on s'y attendait le moins (même si elles ne se faisaient jamais attendre longtemps). Au bout d'une heure et demie de discours racoleur, le public était conquis : ce Joyce faisait partie de ces gens qui surgissent à toute vitesse à un carrefour en espérant que les autres voitures freineront pour éviter la collision.

Margaret, qui avait déjà succombé à ce genre de charme en écoutant Mosley, en arrivait à la même conclusion, même si (ou parce que) la prestation de Joyce était parfois drôle et bizarre. Elle avait senti pendant tout le temps qu'il parlait des tressaillements dans l'index et le majeur de ses deux mains, comme pour mettre ses propos entre guillemets, et à la fois, jamais les choses n'avaient été dites avec autant d'évidence. Sacrée ironie ! Durant quatre-vingt-dix minutes, elle avait eu l'impression d'assister à une farce un peu osée, une parodie scabreuse au détriment de l'orateur lui-même ; durant quatre-vingt-dix minutes, elle s'était demandé si c'était du lard ou du cochon, si ce à quoi elle assistait était de la réalité ou de la fiction inventée par un médiocre romancier. Laisser les auditeurs dans un tel état d'incertitude était répugnant, dégoûtant, totalement insupportable, et elle était si contrariée qu'elle ne pouvait trouver aucune échappatoire à son humeur.

Elle en aurait presque oublié le malheureux incident qui s'était produit tout au début, avant que Joyce n'eût pris la parole. Enfin, il avait déjà commencé à parler, et c'était justement ce qui avait aggravé les choses.

Margaret avait été retardée par une connaissance croisée dans le foyer et quand elle avait pu pousser les lourdes portes de la salle où avait lieu la réunion, la séance avait déjà débuté. Elle avait essayé de se glisser à une place sur la pointe des pieds, mais en l'apercevant l'orateur s'était tout de suite arrêté et l'avait suivie des yeux jusqu'à ce qu'elle fût assise. Il avait ensuite continué, comme si de rien n'était.

Sur le coup, elle s'était sentie un peu honteuse, mais alors que la réunion était terminée et qu'elle se retrouvait au milieu de son groupe à manger des amandes salées et à boire de la bière mousseuse, elle n'y pensait plus. Il faut dire qu'au bout de la quatrième ou cinquième pinte tout le monde était d'humeur joyeuse ; parfois quelqu'un émettait un compliment sur la prestation à laquelle ils venaient d'assister et les autres opinaient du chef en signe d'approbation, mais d'une façon générale ils observaient un silence recueilli où se cristallisaient les effets du discours.

Soudain un mouvement de foule envahit le hall où se trouvait le petit groupe. Une flopée de gens était en train de sortir de la salle, cohue remuante générant un courant d'air glacial. Ou était-ce une illusion ? Quoi qu'il en soit, Margaret fut parcourue d'un frisson quand, se tournant vers la foule en mouvement, elle aperçut au milieu la silhouette noire de l'homme qui venait de parler. Bombant le torse, levant haut le menton, il traversa un flot de louanges et claqua des talons quand il fut forcé de s'arrêter.

Quelle étrange apparition, songea-t-elle, et avant d'aller plus loin dans ses réflexions, elle sentit la pression glacée d'une main sur son bras droit et la présence de William Joyce à ses côtés. Il se présenta.

Margaret répondit qu'elle savait qui il était sans faire mine de vouloir se présenter à son tour, indiquant simplement qu'ils se connaissaient déjà.

Joyce leva un sourcil. Qu'on le connût lui semblait aller de soi. Mais que lui la connût ? Impossible.

Margaret White, dit-elle en lui tendant la main. Quand il la prit, elle (ou était-ce lui ?) eut l'impression, l'espace d'un instant, de tenir le squelette d'une main privée de chair et elle (ou était-ce lui ?) en éprouva un terrible frisson.

Joyce réfléchit avant de secouer la tête.

La *lettre*, dit-elle. C'était elle qui lui avait envoyé la lettre. Il leva le menton et fronça les sourcils.

Elle lui rappela qu'elle avait voulu participer à une discussion dans l'entreprise où elle travaillait. Le fils du propriétaire l'avait invitée à présenter la position des fascistes. Ah bon, dit Joyce. Et qu'avait-il répondu ?

Margaret serra les lèvres.

Il lui avait interdit de le faire.

Joyce eut un petit rire gêné. Ah, c'était donc vous, s'exclama-t-il en s'excusant. Le style de la lettre l'avait induit en erreur, il avait plutôt imaginé une femme dans les cinquante ans… Bon, amusant, ils avaient donc l'honneur de se connaître, c'était d'autant mieux.

Je ne parlerais pas d'*honneur*, rétorqua Margaret.

Joyce hésita un instant. La conversation se trouvait de toute évidence à la croisée des chemins et Joyce décida de reprendre la conversation là où justement elle s'était enlisée et il se lança dans des considérations sur la notion d'honneur à la fin de la République à Rome. Margaret n'était pas la seule à trouver ça quelque peu tiré par les cheveux – certains dans le groupe levaient les yeux au ciel, d'autres bâillaient sans se cacher. Mais lorsque Joyce en arriva soudain à la conclusion que *tout système étatique* parvient un jour ou l'autre à un point où le pouvoir de l'État doit être confié à *un seul homme*, Margaret sentit que la conversation n'avait pas seulement retrouvé son cours en réveillant l'intérêt de tous ceux qui étaient là mais qu'en fait elle n'avait jamais dévié, sans qu'elle ni les autres ne l'aient remarqué.

Elle posa ensuite quelques questions à Joyce et il s'ensuivit une agréable conversation qui dura toute la soirée. Tant et si bien que, le lendemain soir, après son intervention à Kirkcudbright, cette petite ville au nom imprononçable où, à son grand étonnement, Margaret était aussi allée, Joyce proposa à cette dernière de se retrouver cette fois à Londres, à Westminster.

Margaret lui promit qu'elle serait là.

Londres, 1935

À Londres, il y avait plusieurs Smith Street, si bien que, pour les différencier, on avait accolé (à tort) l'adjectif *great* à celle située à l'ouest des Houses of Parliament. La British Fascist Union avait pris ses quartiers à l'extrémité nord de cette rue, plus exactement au numéro 20, et cet emplacement en plein Westminster avait une importance plus que symbolique. Après des années de batailles de rues et de réunions dans des salles obscures, on avait enfin posé ses valises au cœur même de la vie politique du pays, le *cœur* ne devant bien sûr être entendu qu'au sens géographique du terme.

Le bâtiment, une grande bâtisse avec douze alignements de fenêtres dans un style Tudor mâtiné de gothique tardif et de classicisme mal compris, ne manqua pas d'impressionner Margaret qui s'était rendue à Londres pour tenir sa promesse. La façade imposante l'intimidait, elle imaginait des centaines de personnes s'activant à l'intérieur dans un brouhaha où se mêlaient le crépitement des machines à écrire et les stridulations des sonneries de téléphone.

Certes ces idées n'étaient pas fondamentalement fausses. Margaret n'entrait pas dans un petit bureau qui sentait le moisi, où la poussière s'était accumulée depuis des siècles mais dans le quartier général d'un parti tout neuf, plein de fraîcheur et d'ambition, rempli d'idéalistes qui voulaient changer le monde (c'est du moins ainsi que Margaret s'imaginait les choses), pourtant c'était aussi un vendredi après-midi et elle n'y avait peut-être pas assez prêté attention. Des couloirs interminables au parquet bien ciré s'ouvraient devant elle, des montées d'escalier désertes menaient vers nulle part, des bureaux à moitié vides, portes ouvertes, donnaient sur des couloirs tout aussi vides, et elle se rendit compte que le bruit des pas qu'elle croyait entendre ici et là n'était en fait que l'écho trompeur de ses propres pas.

Margaret sortit du bâtiment, non plus étonnée ni stupéfaite mais en proie à une profonde colère. Elle était venue exprès à Londres pour ce Joyce, il aurait pu au moins avoir la décence d'être là pour l'accueillir. Si l'on faisait abstraction du détail qu'elle ne l'avait pas prévenu de son arrivée, on pouvait être d'accord avec elle.

Quoi qu'il en soit, la situation était ce qu'elle était et ce Joyce devint soudain à ses yeux un crétin ignorant, une andouille, un bon à rien. Son impression se confirma dès le lendemain lorsqu'elle le croisa dans une réception. Il ne se montra pas du tout impoli, mais il n'avait plus cette verve, cet enthousiasme pétillant qui avait frappé Margaret la première fois. Il était songeur, préoccupé, absent et ne cessait d'interrompre une conversation déjà laborieuse en se tournant vers une gamine qu'il finit par lui présenter comme *sa fille* et même – oh là là ! – comme *l'aînée de ses deux filles*.

Margaret se força à sourire et serra gentiment la main de la fillette, mais un quart d'heure plus tard elle s'était éclipsée et avait pris un taxi pour rejoindre la gare de la Liverpool Street.

Leeds, 1936

Lord Wandsworth et Margaret s'étaient rencontrés en marge d'une réunion du parti, et même si Wandsworth n'était pas membre de la Fascist Union (et ne pensait pas le moins du monde le devenir), Margaret s'était peu à peu liée d'amitié avec lui.

En matière de politique, Wandsworth n'était pas un individu très sérieux, il était plutôt du genre écervelé et tête en l'air. Il portait néanmoins un intérêt de dilettante à tous les mouvements qui visaient au renversement de la société et il se sentait aussi à l'aise avec le fascisme qu'avec le communisme ou le socialisme, même si aucune de ces tendances ne lui convenait vraiment. Un grincheux avait une fois qualifié son attitude de *windowshopping* et de *cherrypicking* idéologique, mais il s'en était très bien accommodé. Ses manières ainsi que ses inclinations politiques se démarquaient résolument de celles de la plèbe.

Wandsworth avait un visage osseux qui rappelait un peu trop la présence du crâne affleurant sous la peau, et la pâleur distinguée de son teint avait quelque chose de maladif. Il était grand mais d'une telle maigreur qu'elle mettait à mal les proportions de son corps. Il réunissait toutes les conditions propres à offrir une apparence un peu effrayante et pourtant – ou justement en dépit de cela – Wandsworth était un individu très amusant. Son humour était partout considéré comme fort distingué, piquant et plein de vie, et si cette dernière qualification correspondait bien à une part de la réalité, elle en occultait une autre non moins importante, car ses plaisanteries et ses bons mots étaient résolument lugubres, noirs, sinistres, douteux, ou – pour reprendre ses propres termes – *macabres. Macabre* était d'ailleurs son expression favorite et il l'appliquait à tout et n'importe quoi. Le temps qu'il faisait en Angleterre ? Macabre ! La robe grise de Margaret ? Macabre ! Churchill ? Évidemment macabre !

Un soir d'été, Margaret reçut un coup de fil de Lord Wandsworth sur le point de se rendre à une réunion du parti fasciste le lendemain à Leeds. Il lui proposait de l'accompagner. Comme l'invitation était du meilleur goût et qu'il disposait d'une voiture de sport décapotable d'un beau noir d'encre, elle accepta.

À midi tapant, ils quittaient la ville sous un soleil de plomb. C'était l'heure où la moitié des Britanniques prenait le teint rougeaud qui les caractérisait, mais l'afflux d'air engendré par la façon de piloter de Wandsworth procurait un rafraîchissement appréciable. Ils parlaient de choses et d'autres, Wandsworth faisait comme d'habitude ses plaisanteries macabres, et de temps à autre un gros bourdon venait s'écraser sur le pare-brise. *Smashing fascism* dit Wandsworth à un moment donné, et Margaret ne put s'empêcher d'ajouter : *macabre* !

William Joyce était l'homme qui avait parlé à Leeds et nos deux excursionnistes s'entendaient à merveille pour en discuter, du moins en apparence. Margaret était tout émoustillée et son chevalier servant ne tarissait pas non plus d'éloges sur le discours que venait de faire Joyce sur l'Inde, l'économie nationale britannique et les juifs. Il jugea tout cela absolument *macabre*. Macabre au sens positif ou négatif avait demandé Margaret pour être sûre de son fait, et Wandsworth qui attendait cette question (tout comme il attendait le petit verre d'alcool de genièvre glacé qu'on lui proposa au même moment) se lança dans une exégèse détaillée de l'allocution qu'il venait d'entendre, disant qu'il trouvait extraordinaire la façon dont Joyce avait su faire, comme par magie, le lien entre des choses *a prima vista* totalement dissociées.

Margaret fut étonnée que Wandsworth considérât la prestation de Joyce comme brillante dans sa forme mais de la foutaise quant à son contenu. Elle se permit alors d'intervenir en soulignant que c'était sans doute le style de Joyce : on ne se souvenait pas *en détail* de ses arguments tout en gardant la très forte *impression* qu'ils étaient justement les bons. Wandsworth profita de l'occasion pour enchaîner. Sur le ton du bavardage (tout en dégustant des oignons grillés servis en apéritif), il évoqua un spectacle *macabre* auquel il avait récemment assisté en Toscane, plus exactement à Torre di Marte. Dans un théâtre de plage, comme en fréquentent régulièrement les autochtones, il avait été témoin d'un spectacle assez similaire, à la fois effrayant et plaisant, qui faisait appel aux six sens (oui, six !), et qu'il présenta en détail à Margaret. Wandsworth se perdait de plus en plus dans ses souvenirs, souriait d'un air rêveur et finit par s'immerger complètement dans les images pastel de cet été passé. Quand il eut terminé, et au moment de se lancer dans une nouvelle anecdote, force lui fut de constater que l'attention de son interlocutrice lui avait depuis longtemps fait faux bond.

Effectivement les pensées de Margaret, sans doute portées par une troisième stout, avaient pris d'autres chemins. Est-ce qu'elle se trompait ou les regards de Joyce n'avaient-ils cessé de se porter vers elle ? Mais pouvait-il vraiment la voir dans le noir, ébloui qu'il était par les feux de la rampe ? Et surtout : se souvenait-il d'elle ?

Margaret ne reçut de réponse à cette question qu'à la toute fin, au moment où Wandsworth et elle s'apprêtaient à partir. À ce moment en effet, William Joyce quitta le petit groupe qui l'accompagnait, se dirigea droit vers elle et salua Margaret avec une joie évidente, puis – avec un peu moins d'enthousiasme – son compagnon dont il examina le visage blême avec une inquiétude grandissante et dans le plus profond silence, comme s'il se reconnaissait en lui.

De son côté Wandsworth, n'appréciant guère les longs silences et trouvant que l'atmosphère devenait pesante, commença à adresser quelques compliments à l'orateur. Il lui dit que l'ensemble lui avait beaucoup plu, énormément même. C'était parfois un peu trop osé, exagéré, forcé, mais c'était la loi du genre, *c'est la vie*[1], et comme Joyce ne cessait de le fixer avec des yeux de merlan frit, il décida de le faire sortir de sa réserve en lui posant une question : Lord Darlington lui ayant souvent parlé de ses discours, il se demandait s'il le connaissait personnellement. Darlington, oui bien sûr, dit Joyce d'un air distrait, avant de se racler la gorge et de se tourner vers Margaret pour l'inviter à une réunion du parti au Albert Hall de Londres. Il ajouta que ce serait un grand événement, et comme Margaret se montrait moins enthousiaste qu'attendu, il cita les noms de tous les gens qui allaient intervenir, lui annonçant qui elle rencontrerait et tout ce qu'elle pourrait entreprendre à cette occasion. Puis, se rendant compte de l'impolitesse et même de la goujaterie de son comportement, il se tourna vers Wandsworth pour l'inviter aussi, tout en lui faisant sentir qu'il n'avait pas du tout envie qu'il vienne, lui disant que Londres n'avait sans doute plus aucun secret pour lui, ce à quoi Wandsworth acquiesça en ajoutant qu'il y possédait même une maison qui portait son nom.

Joyce hocha la tête d'un air de soulagement et se tourna de nouveau vers Margaret. Que pensait-elle de cette invitation ?

Margaret dit qu'elle viendrait peut-être.

Peut-être ?

Elle devait encore y réfléchir.

Réfléchir ? La manifestation a lieu dans quatre jours.

Il me reste encore trois jours.

1. Tous les passages en italique suivis d'un astérisque sont en français dans le texte. (*N.d.T.*)

Le jazz band de Goebbels

Londres, 1936

De son propre chef, *sua sponte*, Margaret ne serait sans doute pas allée à Londres. En rentrant de Leeds avec Wandsworth, celui-ci s'était fourvoyé dans un labyrinthe de chemins de campagne entre Ruddersfield et Rochdale au milieu des vaches et des champs, et comme s'il n'avait pas suffi que la capote refusât obstinément de se fermer, il s'était mis à tomber une bruine tenace dont l'Angleterre détient le secret avec celui de la bière tiède : au début on ne remarque rien, puis on perçoit un très léger refroidissement comme le suintement d'une plaie sous un pansement ; mais quand on y est exposé pendant une heure, on se retrouve trempé comme une soupe.

Lorsque Wandsworth avait déposé Margaret devant son appartement à Manchester à une heure avancée de la nuit, cette dernière qui claquait déjà des dents avait senti monter les premiers signes d'une fièvre brûlante qui allait se transformer dès le lendemain en un début de pneumonie.

Margaret était bien malade, affectée et assaillie par la maladie. Des bouffées de chaleur fébrile alternaient avec des frissons glacés, et envisager un voyage en train était hors de question. Mais justement ce jour-là, elle reçut un appel du docteur qui, comme par hasard, poursuivait ses études à Londres. Après s'être rendu compte, à l'entendre au téléphone, qu'elle était mal en point, il insista jusqu'à lui faire promettre de se rendre sur les bords de la Tamise en raison même de sa forte fièvre. Ma foi, s'était-elle dit, se morfondre pour se morfondre, autant le faire à Londres plutôt qu'à Manchester. Et il était même possible (bien qu'elle n'y crût pas beaucoup) que le docteur pût faire quelque chose pour elle.

Lorsque vers dix heures Margaret pénétra pour la deuxième fois dans l'immeuble du 20 de la Great Smith Street, elle ne reconnut rien de ce qu'elle avait vu la première fois. C'étaient des allées et venues à n'en plus finir, des portes qui claquaient, une cacophonie de voix et de bruits divers au milieu des incessantes sonneries de téléphone. Elle fut accueillie dès l'entrée ou plutôt dans le hall d'entrée par John Beckett qui l'attendait, un homme plus tout jeune avec une moustache aux extrémités jaunies par la nicotine et un regard endormi ; il semblait totalement accaparé par son activité du moment qui se résumait à se prélasser sur un canapé tel un pantin jeté là au milieu de coussins d'un brun douteux, fumant cigarette sur cigarette et arborant une mine où se lisait un profond dégoût du monde.

Quand il aperçut Margaret, il ne bougea pas d'un pouce. Elle devait être *la visite de Manchester*, fit-il d'une voix terne. Margaret eut un instant d'hésitation avant d'acquiescer d'un mouvement de tête, il se leva alors lentement et se dirigea vers elle en traînant des pieds sans dissimuler son manque d'entrain. Mais au lieu de s'arrêter pour la saluer et se présenter, comme l'aurait voulu la plus élémentaire des politesses, il passa devant elle sans rien dire et l'invita à le suivre d'un vague geste de la main. Margaret, qui n'avait aucunement l'intention de se laisser manipuler par cet obscur personnage, lui demanda où il voulait l'emmener, mais Beckett était tellement occupé à entraîner avec lui un nombre grandissant de chemises noires qu'elle n'obtint une réponse que lorsqu'ils arrivèrent au bar situé dans la Tothill Street déjà noire de monde à cette heure.

À peine Margaret et Beckett avaient-ils franchi la porte qu'ils virent William Joyce tenant dans ses mains un plateau plein de verres d'une bière très sombre qu'il distribuait sur son passage. Puis il se planta face à Margaret, lui tendit la main avec une gestuelle pathétique et, dans une sorte de parodie de lui-même, tout en claquant les talons et en relevant le menton, il se lança sans plus de cérémonie dans la conversation.

L'inquiétude engendrée par sa dernière visite à Londres se délitait maintenant par pans entiers. Joyce menait la conversation avec aisance, son humour noir faisait mouche à chaque fois et il passait avec légèreté d'un sujet à l'autre, des dernières élections à l'histoire culturelle du déjeuner en passant par les récents événements en Allemagne. Ils s'entendaient à merveille.

À propos de déjeuner, demanda-t-il soudain, qu'en était-il aujourd'hui ?

Margaret fit une petite grimace en disant qu'elle avait malheureusement un rendez-vous.

Bien, dit Joyce, il ne me reste alors d'autre choix que de vous inviter ce soir à Mayfair.

Il leva son verre, Margaret leva aussi le sien et dans le renflement des verres se révéla une image dont elle allait se rappeler plus tard dans les moindres détails : elle distinguait le visage pâle de William Joyce tout luisant de sueur (ou étaient-ce les gouttes de condensation sur le verre) ainsi que le reflet ardent de son propre visage ; et comme sur une photographie doublement exposée, les deux visages, l'un blême, l'autre pourpre, se superposaient sur la convexité des verres en une image évoquant une hideuse tête de Janus.

Londres, 1936

Le moment le plus réjouissant du déjeuner avec le docteur fut celui qui en marqua la fin. Dix minutes plus tard, à Covent Garden, Margaret ne fut pas peu étonnée lorsqu'elle s'alluma, en dépit de toute raison, une cigarette devant la cathédrale Saint-Paul et repensa aux deux heures qu'elle venait de passer.

Durant toute la matinée, elle s'était réjouie de revoir le docteur, mais lorsqu'elle s'était retrouvée face à lui dans le décor feutré d'un restaurant tendu de velours avec des boiseries en acajou sombre, elle avait été forcée de se rendre compte que ses pensées étaient ailleurs et convergeaient toutes vers l'invitation proposée pour le soir dans le quartier de Mayfair. À cela s'ajoutaient les douleurs dans ses poumons, aussi vives que de petites lames de rasoir lacérant ses bronches, qui l'empêchaient de se concentrer sur la personne assise en face d'elle.

Margaret avait été pour le moins absente, elle avait parlé sans conviction et mangé de façon mécanique. La conversation n'en finissait pas de s'enliser, laissant place aux bruits des couverts sur les assiettes.

Au début, le docteur avait tenté d'y remédier, il avait vraiment fait des efforts pour relancer la discussion, avant de se rendre finalement à l'évidence et de constater qu'il n'y avait rien à sortir de Margaret. Il accueillit comme une planche de salut l'arrivée du serveur au moment de l'addition.

Le jazz band de Goebbels

Londres, 1936

Dans le quartier de South Kensington où le kitsch victorien abonde, l'Albert Hall construit selon un plan circulaire ne manque pas d'attirer les regards, sans doute à cause de la couleur rouge sombre de ses briques. Il a souvent été comparé, à cause de sa gigantesque coupole et de ses décorations intérieures aux multiples couleurs, au Panthéon à Rome (sans bien sûr le surclasser). La rotonde où avait lieu la manifestation pouvait accueillir des milliers de personnes ; on parlait de six mille, mais comme la sécurité s'inquiétait davantage de la qualité (visages de bolcheviques ou non) que de la quantité, il était possible que davantage de personnes aient pu pénétrer à l'intérieur en ce samedi après-midi, profitant des nombreuses entrées du bâtiment pour s'y faufiler. Telle était du moins l'impression de Margaret lorsqu'elle se retrouva au milieu de cette foule habillée de chemises noires.

Elle ne fit pas grand cas des discours prononcés ce jour-là ; elle souffrait de la chaleur étouffante qui l'empêchait de concentrer sur un point précis son attention qui errait de-ci, de-là, engrangeant les impressions les plus diverses. Elle était plus réceptive aux images d'ensemble, elle voyait le brouillard des fumées de cigarettes, cette foule noire que la lumière de la scène transformait en une marée sans rivage où se détachait la pâleur des visages qui semblaient flotter sur cette masse sombre comme des apparitions fantomatiques. L'espace d'un instant, elle sentit jaillir dans un coin reculé de son esprit le terrible pressentiment qu'elle était en train d'observer l'avenir sombre du monde, mélange d'obscurité, de cendre et de mort.

Après des heures passées dans cette atmosphère confinée, après toutes les fatigues de la journée, la douleur brûlante dans sa poitrine, les applaudissements retentissants, les discours qui n'en finissaient pas, elle se sentait complètement vidée, et quand elle monta dans le taxi pour aller retrouver Joyce, elle avait l'impression d'être dépossédée d'elle-même. Elle se demanda à plusieurs reprises pourquoi elle ne prenait pas le prochain train pour Manchester, mais chaque fois qu'elle plongeait en elle-même, ses paupières se fermaient toutes seules, laissant apparaître des visions oniriques. Quand elle rouvrait les yeux, plusieurs secondes s'écoulaient avant que la réalité, bien que vacillante, reprenne sa place.

À Mayfair, le bâtiment émergea de la nuit comme pour lui adresser un salut chaleureux. De gigantesques fenêtres descendant presque jusqu'au sol déversaient une lumière flavescente sur le vert d'un gazon impeccablement tondu, et l'entrée encadrée de colonnes laissait passer le tintement mélodieux des verres de champagne et la rumeur des conversations. À l'intérieur, des coupelles d'argent offrant des amuse-gueules raffinés et des plateaux proposant des boissons choisies renvoyaient la lumière des candélabres aux multiples branches. Des perles de sueur sur son front rougi, un whisky couleur de tourbe à la main, Margaret errait d'une salle à l'autre sans saisir la réalité de ce spectacle. Elle avait l'impression de voir défiler devant elle un décor irréel, presque muet (alors que c'était l'inverse : le décor était immobile et Margaret avançait) : deux gentlemen-farmers mordaient dans leur sandwich au concombre, le visage impassible et les yeux vides ; des serveurs portant des plateaux se frayaient un passage au milieu de la foule en bredouillant des excuses et dans la salle entièrement vitrée qui donnait sur le jardin et rappelait un gigantesque aquarium, quelques couples ondulaient telles des algues alanguies au son d'une discrète musique de jazz. Margaret se rendit compte soudain qu'elle ne connaissait personne ici et au moment où elle se disait que sa deuxième venue à Londres avait été un fiasco comme la première, elle crut apercevoir dans la pénombre l'éclat d'une cicatrice et effectivement, quelques secondes plus tard, arriva d'un couloir encombré William Joyce accompagné d'un homme qui n'était plus tout jeune et qui se présenta à elle, avec force cérémonie, comme étant Lord Darlington.

Darlington et Joyce étaient visiblement d'excellente humeur, ils n'arrêtaient pas de ricaner, se félicitaient de leurs remarques crapuleuses lancées à la volée tout en se donnant des bourrades dans les côtes, copains comme cochons. Margaret se détourna, remplie de honte. Elle avait l'impression qu'on venait de lui jeter une pinte de bière au visage.

À ce moment-là, William Joyce se pencha au-dessus de son verre et lui demanda ce qu'elle buvait. Elle leva les yeux vers lui, en proie à un immense trouble. Comme s'il n'avait jamais été là, pire encore, comme s'il avait été le pur produit de son imagination, Darlington, pourtant présent quelques secondes plus tôt, avait soudain disparu.

Si j'entends bien, dit Joyce en mettant une main à son oreille, vous buvez du whisky ?

Du whisky ? Totalement absurde !

Il éclata d'un rire sonore, même s'il ne trouvait pas ça drôle du tout, et profitant du passage d'un serveur, il saisit à la volée deux coupes de champagne sur un plateau.

Il lui dit qu'elle avait certainement appris qu'il allait bientôt divorcer et aussitôt après il se racla la gorge pour cacher sa gêne.

Margaret voulut répondre quelque chose, mais elle fut soudain submergée par une fatigue de plomb ; ses paupières se baissèrent et l'espace d'une fraction de seconde il est bien possible que sa tête s'affaissât ; quoi qu'il en soit, Joyce prit ça pour un signe d'acquiescement. *Quand tout sera terminé*, j'espère qu'on pourra se voir plus souvent, ajouta-t-il.

Bien sûr, se dit Margaret, pourquoi pas ? Hum ! N'était-ce pas demain qu'avait lieu la réunion du parti à Manchester où il allait prendre la parole ? Elle regarda sa coupe de champagne qu'elle buvait à petites gorgées.

Bon, dit-il soudain : avait-elle déjà envisagé de l'épouser ?

Margaret ouvrit de grands yeux. Elle l'observait d'un air incrédule, cherchant une trace de plaisanterie, une once d'ironie sur son visage, attendant un rire qui mettrait fin à tout ça. Mais rien ne vint et elle fut bien obligée de prendre la question au sérieux. De nouveau ses yeux se fermèrent d'épuisement et le sol se mit à tanguer sous ses pieds. Quand elle les rouvrit, elle s'entendit dire que l'on pourrait essayer ; si cela donnait lieu à une incompatibilité, il serait toujours temps de voir les choses autrement.

Joyce la fixa, incrédule, puis son étonnement laissa progressivement place à une joie débordante. Il bomba le torse, leva haut le menton et pendant que Margaret sentait battre ses tempes comme si on lui avait passé une corde autour du cou, il fit tinter son verre avec une fourchette et annonça ses prochaines fiançailles à la foule des invités qui tomba progressivement dans un silence médusé.

Londres, 1938

C'était une journée de fin d'été tout à fait habituelle à South Kensington et un pâle soleil éclairait Onslow Gardens lorsque, vers midi, William Joyce entra dans la salle de classe de son école de langues située au numéro 83 pour y chercher une liste d'élèves qui avaient fréquenté ses cours, l'année précédente.

Il fouilla les armoires, les tiroirs des bureaux, en vain. À la place, il repéra toutes sortes de choses qu'il croyait perdues depuis longtemps et notamment son passeport. Il l'ouvrit machinalement et se retrouva nez à nez avec un moi plus jeune de cinq ans. Aussitôt il fut emporté par un maelström de pensées. Le temps passait si vite !

Il avait fêté son trentième anniversaire deux ans auparavant, la troisième décennie de son existence s'était achevée et sa vie s'était raccourcie d'autant. Il se rappela son anniversaire fêté en bonne et due forme ; comme chaque année, il avait invité chez lui quelques connaissances, au 41 de la Farquhar Road. Peut-être avait-on bu alors quelques verres de champagne de plus. Et pourtant, quand il y repensait, il se disait que tout s'était passé de façon imperceptible, la maturité avait doucement fait son entrée et les semaines précédant son anniversaire n'avaient été en rien différentes de celles qui avaient suivi. Non, tout avait continué son cours habituel et il n'avait pas eu conscience de franchir un cap et de quitter définitivement sa jeunesse, comme on le dit généralement à cet âge. Il faisait les fautes qui vous échappent à cette période de la vie, continuant à mettre un 2 à la place du 3 quand il devait écrire son âge sur un formulaire. Et quand il était question d'un ami qui avait la trentaine, il lui paraissait terriblement vieux, alors que ce dernier n'avait que quelques années de plus que lui.

Voilà ce qu'il avait ressenti un ou deux ans plus tôt. Mais maintenant qu'il se trouvait face au portrait de son passeport, il ne put réprimer un frisson : l'implantation des cheveux avait nettement reculé. Une calvitie frontale avait commencé. Des rides creusaient son front. Des pattes d'oie s'étaient incrustées au coin de ses yeux, rendant son regard plus aimable. Ses joues étaient nettement plus rondes, ce qui lui donnait un air plus jovial. Pourtant tout cela le préoccupait.

Que fait un homme de son âge du reste de sa vie ? C'était justement ce que lui avait demandé son ami Macnab lors de son trentième anniversaire. Il avait certes répondu une platitude, mais il avait sérieusement envisagé de prendre des cours de danse, de passer son permis de conduire ou de commencer à apprendre une nouvelle langue, comme l'espagnol ou le portugais. Toutefois s'il se retournait sur les deux dernières années qui venaient de s'écouler, force lui était de constater qu'il avait fait ce que font la plupart des gens qui viennent de passer la trentaine : au lieu d'explorer de nouveaux horizons, d'acquérir de nouvelles connaissances et de nouvelles aptitudes, il avait simplement continué sur le chemin où il s'était engagé depuis longtemps. Il s'était marié pour la seconde fois et avait fondé un nouveau parti destiné à préparer le terrain pour un nouveau modèle de société qui lui paraissait le mieux adapté au futur de la Grande-Bretagne et de l'Europe : le national-socialisme. Certes il n'avait pas encore rallié beaucoup de monde à ses idées et le nombre des adhérents ne dépassait pas quelques douzaines, mais il ne cessait de se répéter que les idées vraiment visionnaires ont besoin de temps pour s'épanouir pleinement.

Il avait refermé son passeport et observait la couverture. Il en avait fait la demande le 4 juillet 1933, il y a plus de cinq ans maintenant. Et pour quoi ? Qu'étaient devenus ses projets de voyage ? Cinq années s'étaient écoulées, cinq années sur les seize passées ici, sur cette île qu'il n'avait encore jamais quittée. Sa jeunesse s'était racornie, desséchée, et quand il regardait en arrière il ne voyait qu'une vaste étendue vide. Il avait l'impression, au plus profond de lui-même, que toutes ces années, qui représentaient quand même la moitié de sa vie, n'avaient aucune existence réelle. Autrefois, à Galway, chaque semaine apportait son lot de nouveautés, chaque mois apportait des changements, mais maintenant il avait l'impression que le temps lui filait entre les doigts, et il eut soudain le sombre pressentiment qu'il ne quitterait jamais l'Angleterre et que dans quinze ans il serait toujours là, et cette perspective le frappa de plein fouet.

Londres, 1939

What ! Berlin ! That's a funny place to be going to !

William Joyce tressaillit, il devint pâle puis tout rouge et enfonça malgré lui son visage dans les plis de son foulard. Celui qui avait prononcé ces mots était le porteur de bagages ; il ne se gênait pas pour fixer obstinément Joyce qui eut envie de presser son index sur ses lèvres pour lui signifier de se taire. Mais il se retint. Il venait d'apercevoir les uniformes sombres de policiers qui approchaient. Il entendait déjà le martèlement lourd et cadencé de leurs grosses chaussures et quand des sifflets cisaillèrent la rumeur de la gare, il sursauta carrément.

Sir ?

Joyce ne répondit pas. Même si ses yeux fixaient le jeune porteur, ils ne le voyaient pas.

Sir ?

Le boy se racla la gorge et Joyce fut parcouru d'un frisson. Comme un homme qui se réveille et quitte le monde des rêves, il jeta de rapides coups d'œil autour de lui. Aucun policier dans les parages, juste le flux des voyageurs et le flot de leurs paroles.

Ça fait un schilling, Sir.

Il se força à sourire et donna quelques pièces au porteur. Le généreux pourboire fit immédiatement son effet. L'effronterie affichée jusque-là laissa aussitôt place à une disponibilité de bon aloi. Il s'empara des valises qu'il porta jusqu'au wagon réservé à ce service.

Margaret et Macnab attendaient à l'autre bout du hall, scrutant les alentours sans cacher qu'ils auraient aimé ne pas voir ce qu'ils redoutaient de découvrir. Dès qu'il les eut rejoints, Joyce succomba à leur silence et il sentit la peur l'envahir de nouveau, alors qu'ils n'avaient rien à craindre : personne ne pouvait les empêcher de partir en voyage, ils avaient un passeport en bonne et due forme et ils étaient des citoyens comme les autres. Mais pour combien de temps encore ?

On les avait mis en garde. Un coup de fil anonyme, la veille au soir, après le dîner. Il ne lui restait plus que quarante-huit heures, dès samedi les premières arrestations allaient commencer. La conversation avait été brusquement interrompue. Joyce avait juste eu le temps de dire merci. Il n'aurait d'ailleurs rien pu ajouter d'autre.

Margaret et William s'étaient mis à vider les tiroirs et les armoires avec une détermination frôlant l'hystérie. Quelques heures et quelques coups de fil plus tard, une fois le bail de location dénoncé et les meubles confiés à la bailleuse, ils avaient eu l'impression d'avoir accompli le plus gros. Pourtant il restait encore beaucoup à faire, trier ce qui était resté chez les parents, boucler les valises, brûler certaines choses dans le poêle ou les enterrer dans le jardin.

Ils avaient mal dormi cette nuit-là. En dépit des fenêtres ouvertes, la chaleur du mois d'août n'avait pas épargné leur logement pourtant situé au sous-sol. Ils n'avaient cessé de se tourner et de se retourner dans les draps trempés de sueur sans pouvoir trouver le sommeil. Ce n'est qu'aux premières lueurs de l'aube que la fatigue et la nervosité avaient enfin laissé place à un semblant de repos, et dans cet espace entre rêve et veille Joyce avait vu, émergeant au milieu d'une mer miroitante, une île rocheuse couronnée d'un bosquet de cyprès dressés vers le ciel comme un feu incandescent. Une sombre embarcation se dirigeait vers cette île. Debout, un prêtre drapé de blanc (ou était-ce la mort ?) tenait ses bras grands ouverts en signe de prière, tandis qu'un nautonier à peine visible et habillé de haillons dirigeait l'esquif vers le quai. Un ciel de plomb pesait sur cette vision.

Quant à savoir si cette île apparue en rêve à William Joyce en ce matin du 26 août 1939 était l'exacte correspondance de *L'Île des morts*, le fameux tableau d'Arnold Böcklin que l'on peut voir au musée de Bâle (ou de Berne ?), voilà qui relève de la pure coïncidence. Mais ce n'est rien comparé à cette autre coïncidence qui voulut que

Fritz Mahler, en visite ce jour-là dans sa famille au bord du Rhin, ait justement vu aussi ce tableau (même si ce n'était qu'après le déjeuner) et ait passé un long moment à le regarder. Joyce et Mahler parlèrent longuement de ce hasard quelques années plus tard, lors d'une rencontre autour d'un verre au Rio Rita Bar, et ils en arrivèrent à la conclusion inévitable (comment pourrait-on expliquer les choses autrement ?) que, dans les strates souterraines du temps et de l'espace, il existe un gigantesque réseau mycélien grâce auquel, par des liaisons invisibles, des événements très éloignés les uns des autres, des vies et des objets reçoivent et émettent des influences réciproques.

Mais à l'époque, en ce matin d'août 1939, alors qu'il se rendait avec Margaret à la Victoria Station dans une rame de métro bondée, il ne pouvait évidemment s'empêcher de penser qu'il y avait un rapport entre ce rêve qui ne cessait de le tarauder et son embarquement pour la Belgique, et il voyait bien que cette île effrayante aperçue en rêve était en liaison avec l'Angleterre et pointait sa mort, sans parvenir à une interprétation plus pertinente dans cette voiture surchauffée, après cette horrible nuit sans sommeil. Macnab les avait retrouvés dans le hall de la gare. Joyce avait acheté les billets et enregistré les bagages. Ils étaient ensuite restés là tous les trois, impatients, mélancoliques, dans l'attente du train. Macnab essayait de faire la conversation et trouvait toujours des mots d'encouragement. Pour faciliter le départ de ses amis, il leur posait des questions sur des sujets divers, et lorsque la séparation devint trop difficile, il posa son bras sur les épaules de William. Mais ce dernier était incapable d'entretenir une discussion digne de ce nom, il se contentait de fumer cigarette sur cigarette pour essayer d'apaiser sa nervosité.

Par chance, vint enfin le moment où il fallut se quitter. Macnab les accompagna jusqu'à leur voiture et pendant que Margaret et William s'installaient dans leur compartiment, il fit à lui tout seul le comité d'adieu devant la fenêtre.

Puis arriva le moment fatidique. Un coup de sifflet retentit, il y eut une secousse et le train s'ébranla. Margaret et William restèrent à la fenêtre jusqu'à ce que Macnab ne fût plus qu'un point minuscule. Ils finirent par s'asseoir à leur place et regardèrent dehors. Les rues de West London se succédaient de plus en plus vite, un grondement sourd signala qu'on passait le Grosvenor Bridge, on aperçut l'Albert Bridge à la silhouette si caractéristique, le vénérable Royal Hospital de Chelsea, et ce qu'on voyait briller au loin dans le soleil du matin, n'était-ce pas la tour d'horloge dorée des Houses of Parliament ? Si, c'était forcément elle, et si ce n'était pas elle, c'était la vision qu'ils en gardaient comme celle de tous ces majestueux bâtiments néogothiques pour lesquels ils éprouvaient pour la première fois une admiration pleine de recueillement, envahis qu'ils étaient à cet instant précis par une profonde nostalgie qui ne disparut qu'après la traversée de la Tamise, à Wandsworth, lorsque la centrale électrique de Battersea leur déroba toute vue sur le fleuve. William et Margaret prirent une profonde inspiration, se raclèrent la gorge pour tenter d'évacuer l'oppression qui serrait leur poitrine et ils se lancèrent dans une conversation fébrile qui dura jusqu'au port de Douvres mais dont ils oubliaient chaque phrase à peine l'avaient-ils prononcée.

Douvres – Ostende, 1939

À Douvres, le *steamship Lethe* tanguait doucement le long du quai dans l'attente des passagers à qui il devait faire traverser la Manche. Le soleil était éclatant, une brise légère soufflait, on entendait le cliquetis des haubans contre les mâts des voiliers. Cela aurait pu être une très belle journée d'août sans les sombres nuées montant à l'horizon qui formaient une muraille grise devant Calais et donnaient l'impression à Margaret qu'une fois de l'autre côté ils allaient s'enfoncer dans une nuit éternelle et funeste.

Une file presque infinie de valises, de sacs et de voyageurs s'étirait devant le poste de douane où officiait un fonctionnaire dont on apercevait le crâne chauve. Bien qu'il fût encore loin, la vue de cet homme au dos voûté et vêtu de noir fit battre plus fort le cœur de Margaret. D'un simple signe de la main, le vieil homme décidait du sort des voyageurs : à gauche ceux qui pouvaient tout de suite monter à bord, à droite ceux dont il voulait vérifier de plus près l'identité dans son bureau. Allait-on les reconnaître ? se demanda Margaret. Allait-on les arrêter ?

Tout le laissait à penser.

Quand ce fut à leur tour d'être contrôlés, le douanier leur fit un signe de son doigt osseux. William lui tendit les passeports et Margaret lui souhaita une belle journée. Il répondit sur un ton bougon que ce n'était pas nécessaire, la journée était déjà belle, et il vérifia à nouveau les papiers d'identité. Au bout d'un moment, Margaret voulut savoir si quelque chose n'allait pas, mais le douanier ne daigna pas donner la moindre réponse. William posa alors la même question après s'être éclairci la voix, et le petit homme voûté laissa cette fois échapper un léger bredouillis. Joyce,

Joyce, fit-il en posant un regard distrait sur l'immensité de la mer avant de le braquer sur William. Il le connaissait, il avait même lu certaines choses de lui.

Ah bon ! dit Joyce, qui se sentit tout d'un coup flatté et repensa à ce qu'il avait publié ici et là : *A Note on the Mid Back Slack Unrounded Vowel [a] in the English of Today* (Review of English Studies 1928, Vol. IV), *Dictatorship* (Londres, 1933), *Fascism and Jewry* (1934), *Fascism and India* (1935), *National Socialism Now* (1937), et il se demanda s'il avait affaire à un individu qui partageait ses idées (ou à un linguiste ne payant pas de mine). Mais il eut le réflexe de se montrer prudent.

Il balbutia au douanier que ce dernier devait le confondre avec un autre, et même s'il n'avait aucune idée de qui pouvait bien être cet autre, il y mit toute sa force de conviction.

Allez, allez ! répondit le vieux fonctionnaire. Et convaincu d'avoir affaire au *vrai Joyce*, il se lança dans quelques subtiles allusions que *le faux Joyce* ne comprenait absolument pas. Et quand le douanier se mit à lui parler d'Ulysse en cherchant à savoir avec un clin d'œil s'il retournait à Ithaque, William se demanda sérieusement si le brave homme était sain d'esprit ou si c'était une façon maladroite de quémander quelque obole.

Pressé d'en finir, Joyce fouilla dans les poches de son manteau à la recherche de pièces de monnaie. De son côté, Margaret était submergée par la conviction que tout était perdu, lorsque soudain un flot de sang jaillit de ses narines. Effrayé, le douanier recula d'un pas. Il eut quand même la présence d'esprit de lui tendre un mouchoir et lui adressa quelques mots de réconfort, avant de rendre les passeports à William en leur faisant signe de passer.

Une demi-heure plus tard, le *SS Lethe* quittait enfin le quai et toutes ces péripéties semblaient maintenant lointaines et à peine réelles. Les hanches appuyées contre le bastingage, William et Margaret regardaient non sans mélancolie la mer depuis le pont arrière. Les mouettes criaillaient en tournoyant au-dessus du sillage du bateau tandis que les falaises blanches de Douvres brillaient dans la lumière de l'après-midi. En dessous, les machines grondaient et de gigantesques bulles d'air venaient éclater à la surface de l'eau, formant une écume qui tissait un tapis blanc à la trame compliquée que le steamer chalutait derrière lui telle une gigantesque traîne de mariée. Telle était l'image à laquelle pensait William Joyce quand, au bout d'une demi-heure passée en silence à côté de Margaret, il dit, non sans morosité, que c'était là le dernier lien qui les unissait à l'Angleterre et qu'il suffisait d'un coup de vent pour le faire disparaître.

Margaret ne disait mot. Elle toussait, se raclait la gorge, toussait à nouveau, levait le nez en l'air. Puis elle sortit le mouchoir taché de sang qu'elle avait gardé et le déplia avec une telle solennité que William eut l'impression qu'elle déployait le drapeau d'un royaume inconnu où ils allaient pénétrer. Elle se moucha longuement, regarda le tissu maculé et le lâcha par-dessus bord. Il fut aussitôt emporté par un coup de vent avant de sombrer à tout jamais dans les flots.

Le jazz band de Goebbels

Bâle – Berlin, 1941

Rien qu'un brouillard épais sur des kilomètres et des kilomètres. Une couverture nuageuse d'une étendue infinie. Quelques millimètres d'une tôle d'acier bombée. Un plafond en bois de quelques centimètres. Sans oublier deux valises dans les filets et un parapluie noir comme de la suie. Voilà ce qu'il sentait peser sur lui avec la lourdeur d'une pierre tombale alors que le train où il était assis filait dans la nuit à la vitesse de 118 km/h. Et pourtant il aurait souhaité encore plus de poids au-dessus de lui tant il avait envie d'être réduit en bouillie.

Fritz Mahler, l'homme qui ruminait d'aussi funestes pensées, était installé dans une voiture de première classe de la Reichsbahn qui traversait à cette heure sombre de la nuit les vastes contrées de la marche de Brandebourg. Assis raide comme un piquet sur son siège de velours, les doigts crispés sur les accoudoirs rembourrés jusqu'à s'en faire blanchir les phalanges, il fixait l'obscurité qui obstruait la fenêtre, espérant apercevoir les lumières d'une ville où il pourrait enfin descendre et faire demi-tour.

Fritz Mahler avait commis une erreur et il était rongé par cette évidence. Son père l'avait pourtant mis en garde et avait essayé plusieurs fois au cours des dernières semaines de le détourner de son obscur projet ; il lui avait téléphoné à de nombreuses reprises et comme son fils ne décrochait pas, il était même venu le trouver dans sa mansarde pour lui ôter ses lubies de la tête. La veille au soir, peu avant le départ du train à la gare de Bâle, il avait fait soudain irruption sur le quai, au grand étonnement de Fritz, dans une ultime tentative pour le faire changer d'avis.

Il lui avait répété que leurs voisins allemands étaient en guerre contre la moitié du monde et couraient à leur perte dans une symphonie de mort qu'il était impossible de ne pas entendre. Son fils ne pouvait devenir le porte-parole d'un peuple qui se précipitait aussi allègrement dans sa chute et collaborer avec cette bande de voyous. Comprenant qu'il lui fallait aussi user d'un argument plus en adéquation avec la situation personnelle de Fritz, il avait ajouté que l'ascension vertigineuse qui le *menaçait* n'augurait rien de bon ; un succès trop rapide flattait l'ego mais émoussait le désir. S'il avait vraiment l'intention de devenir écrivain, il serait préférable qu'il fasse progressivement ses armes, commence à acquérir une certaine renommée à Zurich puis peut-être en Suisse, avant de tenter sa chance dans le vaste monde.

Tels étaient les scrupules et les ultimes conseils que M. Mahler père avait essayé de faire entendre à son fils sur le quai de la gare. Aucun n'avait fait mouche pour la bonne et simple raison qu'ils lui semblaient trop frappés au coin du bon sens. Satisfait d'avoir balayé les recommandations de son père, de ne pas s'être rendu à ses arguments, d'avoir résisté à son autorité pour peut-être la première fois de sa vie, Fritz était monté dans le train et avait entamé son voyage dans la joie, sentiment qui n'avait cessé de grandir au fil des kilomètres qui le séparaient de son père jusqu'à devenir une euphorie que rien ne pouvait retenir.

À quel moment son humeur avait-elle changé, se demandait-il tout en mordillant sa moustache en bataille et en regardant la nuit plaquée contre la fenêtre ? Quand les doutes étaient-ils venus l'assaillir et le submerger ? Certes il y avait eu un passage désagréable où le souvenir du confort douillet de son hôtel à Bâle avait été mis à mal par la brutalité des contrôles à la frontière, l'inspection de ses bagages et tous ces formulaires à remplir. Mais une fois ces désagréments passés, une fois bien installé dans son compartiment, une fois que les Vosges et la Forêt-Noire avaient peu à peu laissé place à de larges étendues de plaines, la confiance et le soulagement éprouvés la veille étaient revenus. Mahler sentait qu'il avait enfin échappé à l'exiguïté de son pays natal, à ses montagnes oppressantes et ses étroites vallées. Il se félicitait de sa décision, admirait sa fermeté. Il avait eu la conviction que, s'il avait cédé aux injonctions paternelles, jamais il n'aurait pu échapper à l'emprise de son père et de son pays et il en aurait été l'otage jusqu'à la fin de sa vie. Il était parvenu à faire ce dont il ne se serait jamais cru capable, il se sentait d'humeur badine, il se moquait des mises en garde de son père et se raillait de sa morgue pour tout ce qui était *prolétarien*. Au fond, son père l'avait toujours écrasé et considéré comme un misérable vermisseau.

Puis, peu après Francfort, les premiers nuages s'étaient accumulés pour former en Thuringe un plafond bas et épais, et alors que tombait la nuit mêlée à une pluie fine, Fritz avait senti remonter les doutes que son père avait exprimés vingt-quatre heures auparavant. Tous les scrupules émis par ce dernier lui revenaient à l'esprit, prenaient corps, devenaient ses propres scrupules, et il s'entendit bientôt les répéter mot pour mot à voix haute.

Telles étaient les pensées de Fritz Mahler qui ne cessait de fixer la nuit, lorsque soudain et contre toute attente, le train s'immobilisa dans une brusque secousse. Avec une formidable présence d'esprit (ou pas forcément), Mahler saisit ses valises dans le filet à bagages, fila dans le couloir, ouvrit la porte, sauta sur le quai, traversa une voie, grimpa sur le quai suivant, traversa une autre voie avant de se retrouver face à face avec un individu d'abord médusé puis courroucé, que Fritz Mahler prit en bonne logique pour le chef de gare. Tout en lui agitant sous le nez son billet qu'il avait extirpé de sa poche pour on ne sait quelle raison, il lui dit dans son meilleur allemand qu'il ne désirait qu'une chose : rebrousser chemin et repartir vers le sud, chez lui.

Le fonctionnaire commença par le dévisager sans un mot puis, au moment où Mahler s'y attendait le moins, il se mit à lui lancer à la figure, dans un ordre impeccable, une série de directives qui le rendait coupable de toutes sortes d'infractions. Ensuite il se calma aussi vite qu'il s'était emporté, prit une mine bon enfant et alluma sa pipe. Après avoir tiré quelques bouffées et avoir un peu réfléchi à la situation, il se pencha sur le problème de Mahler et dit, après maintes réflexions et circonvolutions cérébrales, que le seul train qui allait partir de cette gare cette nuit était celui par lequel il était arrivé. Notre Helvète n'était déjà plus en état d'entendre clairement les choses, il voyait simplement, à la lueur du briquet, une étrange et certaine ressemblance entre le préposé aux chemins de fer et son géniteur. Il en fut tellement ébranlé qu'il reprit incontinent ses bagages, se rua vers le wagon qu'il venait de quitter et se précipita à l'intérieur au moment même où la pluie recommençait à tomber et où retentissait un coup de sifflet strident.

DEUXIÈME PARTIE

« Every great man nowadays has his disciples,
and it is always Judas who writes the biography. »

Oscar Wilde

Berlin, 1941

Berlin, la ville qui ne dort jamais ! Il y a toujours un semblant de lumière pour éclairer quelque salle de spectacle, toujours un orchestre pour continuer à jouer dans quelque établissement. Aucune journée ne s'achève sans que saute un bouchon de champagne, aucune nuit ne commence sans que s'entrechoquent des verres de cognac. Les Berlinois aiment voir dans cette agitation frénétique une forme d'entrain et d'ingéniosité.

Lorsque le train D 43 arrive à l'Anhalter Bahnhof à 21 h 59 précises, Mahler n'aspire pourtant à aucune de ces distractions. Du repos, se dit-il en posant le pied sur le quai, du repos et un bon lit, c'est tout ce que je souhaite. Et déjà il imagine le contact agréable de draps fraîchement amidonnés sur sa peau, il croit même sentir, l'espace d'un instant, sa tête s'enfoncer doucement dans des oreillers moelleux recouverts de soie et brodés de lettres d'or composant dans un savant entrelacement le nom de l'hôtel Kaiserhof.

Erreur ! Une voix nasillarde met brutalement fin à ses pensées, comme si elle les avait devinées – ou bien Mahler les avait-il prononcées à haute voix sans s'en rendre compte ? Peu importe, il n'a pas le temps de se poser la question. Déjà on lui prend ses deux valises qui sont instantanément placées sur un wagonnet qu'il voit s'éloigner dans le hall de la gare. Au moment où il veut s'interposer, il sent qu'on le prend de chaque côté par un bras. Il tourne la tête : à sa droite se trouve une femme à la chevelure rousse aux sourcils peu dessinés et aux lèvres fines. Tout chez elle a quelque chose de délicat : son visage, son cou, ses mains. À sa gauche se tient un homme entre deux âges : mâchoire puissante, regard décidé, sourire résolu, traits taillés à la serpe. Beaucoup de détermination dans son allure, autant dans la démarche que dans l'habillement ou la parole. À en juger par son haleine, il a déjà bu un schnaps et ce n'est certainement pas le dernier de la journée.

Comme s'il avait deviné une fois de plus les pensées de Mahler, l'homme lui dit que, le train ayant eu beaucoup de retard, ils ont dû patienter un bon moment au buffet de la gare. Est-ce que par hasard Mahler aurait envie de prendre un verre… ? Non ? Bon, on pourra toujours rattraper ça plus tard.

Et avant que Mahler ait pu dire quoi que ce soit, il est entraîné dans le hall par le couple qu'il a bien sûr reconnu, même s'il ne s'est pas présenté. Mais au moment où on veut le pousser dans un taxi, Mahler se rebiffe. Il veut savoir où sont passées ses valises.

Valises et bagages, tout est en route pour le Kaiserhof.

Et nous ?

Pas de problème.

On va où ?

C'est ce que j'aimerais bien savoir aussi, renchérit à ce moment le chauffeur de taxi.

Where exactly do we want him to go ? demande la femme à la droite de Mahler avec un charmant accent de Manchester.

Rankestraße, dit l'homme en s'adressant autant à sa femme qu'au chauffeur de taxi qui devient brusquement méfiant.

Vous êtes des espions ?

Assis à côté de lui, William sort alors un papier qu'il lui met sous le nez et qui, vu la multitude de tampons avec croix gammées, ne manque pas de faire son effet.

Le chauffeur ouvre de grands yeux et esquisse une grimace.

Bon d'accord, vous n'êtes pas des espions.

Il met le contact, fait ronfler le moteur et démarre sur les chapeaux de roue. La voiture s'insère comme par magie dans la file des autres véhicules et fonce vers sa destination.

Pendant ce temps William, tout au plaisir de jouer les amphitryons, se tourne vers les places arrière et essaie de ranimer la conversation.

Il demande à Mahler en anglais : Vous savez pourquoi tous les trains s'arrêtent à l'Anhalter Bahnhof ?

C'est peut-être une tête de station et ils ne peuvent pas aller plus loin, répond Mahler non sans à-propos.

Perdu ! *Anhalten* en allemand veut tout simplement dire « s'arrêter ».

William éclate de rire, sa femme lève un sourcil et pouffe, suivie du chauffeur de taxi qui vient de comprendre.

Voilà bien l'humour anglais, pense Mahler au moment où William lui tend la main par-dessus le dossier de son siège.

Enchanté, mon nom est Froehlich.

Je croyais que j'aurais eu affaire à M. Joyce.

C'est une seule et même personne. Joyce, Froehlich, *Joyeux** – vous comprenez ?

Bien sûr, répond Mahler tout en se disant : Je ne suis pas bête à ce point.

Et je vous présente ma femme qui répond au nom de Margaret quand ça lui chante.

Elle lui tend la main.

*Enchantée**.

À peine le chauffeur a-t-il arrêté son Opel aux reflets poisseux devant l'adresse indiquée qu'il sort une bouteille de schnaps de sous son siège ainsi que quatre petits verres qu'il remplit à ras bord. Les hommes ne se font pas prier, seule Margaret décline l'offre d'un geste de la main : Je prendrai un martini tout à l'heure. Le schnaps à jeun, ça me donne des vertiges.

Le chauffeur de taxi, qui dit s'appeler Krenek, règle instantanément le problème en buvant cul sec le verre en trop.

Et maintenant, on sort ! Froehlich, qui veut faire honneur à son nom, tire prestement de sa poche quelques billets qu'il tend au dénommé Krenek en lui donnant une tape fraternelle sur l'épaule. Krenek descend de voiture, aussitôt imité par les trois autres qui se dirigent vers le Ciro Bar. Au grand étonnement de Mahler, Krenek leur emboîte le pas, tant il est curieux de découvrir cet endroit interlope dont il a souvent entendu parler.

Froehlich frappe du poing contre la porte. Une lucarne s'ouvre et une lumière crue vient éclairer les visages des quatre visiteurs. Une paire d'yeux inspecte rapidement les nouveaux venus puis le lourd battant s'ouvre dans un soupir métallique. Face à eux se dresse un individu d'allure patibulaire dont le langage corporel semble se résumer à une seule et unique question : Vous venez faire quoi ici ? Sauf que les apparences sont parfois trompeuses car, la porte à peine ouverte, voilà qu'il serre chaleureusement William dans ses bras musclés et invite la petite troupe à entrer.

En moins de temps qu'il ne faut pour le dire, ils sont débarrassés de leurs manteaux et de leurs vestes par des serveurs empressés. Le couloir sombre donne sur un comptoir éclairé par deux chandeliers à quatre branches. On passe les commandes. On sert un martini à madame, les hommes prennent d'abord de quoi se rafraîchir, car l'air est lourd comme du sirop de grenadine et la fumée des cigarettes gêne la respiration. Ils boivent à grands traits une chope de bière. Ça fait du bien, dit Krenek. Même Mahler se sent ragaillardi, il s'essuie la bouche du revers de sa manche et regarde la salle. Il n'a pas encore fini son verre que déjà William Froehlich se propose de lui montrer les lieux. Doucement, doucement, dit Mahler, on a quand même un peu de temps. Tout le temps qu'il faut, lui répond Froehlich avec un geste olympien en tapant gentiment sur l'épaule de l'Helvète qui reprend sa respiration. Enfin quelques minutes de calme, se dit Mahler, soulagé.

Erreur ! Ce qu'il prenait pour un mur sombre s'éclaire soudain de colonnes de lumières projetées du plafond, laissant apparaître une scène, et la salle, éclairée l'instant d'avant d'une lumière tamisée, est brusquement plongée dans le noir complet. Mahler plisse les yeux, Krenek met une main en visière pour se protéger de la lumière éblouissante qui vient de jaillir. On devine derrière le rideau la présence d'une batterie ainsi que les contours d'un piano aux reflets couleur de miel. Dans l'air confiné, on a l'impression d'entendre la curiosité crépiter. On perçoit les accents d'une clarinette, une trompette esquisse quelques notes tandis qu'un trombone fait entendre son timbre chaleureux – autant de modulations qui annoncent que quelque chose se prépare. Parmi les spectateurs, la rumeur diminue à mesure qu'augmente l'effervescence, prélude à une attention encore brouillonne mais déjà exacerbée. Soudain le rideau s'anime de mouvements désordonnés et tout le public sent, perçoit, sait que quelque chose d'important va arriver. Froehlich se tourne vers Mahler et lui adresse un regard appuyé. Comme s'il attendait ce signal, le rideau s'ouvre, dévoilant un groupe de musiciens qui, instruments à la main, s'avancent jusqu'au bord de la scène sous les applaudissements nourris d'un public au comble de l'excitation. La tension est extrême, palpable, quelques cris cisaillent le silence fragile. Impossible d'attendre plus longtemps. Il faut que ça commence, là, maintenant ! Les musiciens se mettent en place, le batteur donne le tempo, un deux, un deux, un saxophone joue les premières notes, rejoint par un deuxième accompagné cette fois par une contrebasse. Une clarinette monte dans les aigus, puis une autre, tandis que les sonorités claires d'une trompette sont reprises en écho par celles plus graves d'un trombone. Comme parcourue d'un courant électrique, la foule commence à s'animer, des claquements de doigts marquent la mesure, certains spectateurs restés debout esquissent des pas de danse, partout le rythme s'empare des esprits et des corps qui se mettent à bouger, à onduler, à sautiller, mêlant leurs ombres mouvantes aux lumières des cigarettes qui virevoltent tels des feux follets.

Même notre empoté de Mahler se trouve, à son propre étonnement, traversé par le désir physique de s'abandonner à la force omniprésente de ce rythme qui envahit tout. Mais ce n'est pas seulement la puissance de la musique qui fait naître ce désir en lui, il y a aussi le contact avec des corps étrangers au hasard des ondulations, cette présence, cette sensation des corps en mouvement dont il ne peut se faire une image. Et pourtant, même si cette impression n'est générée que par le toucher et les contacts aléatoires d'un corps contre un autre, il croit reconnaître peu à peu des personnes, les distinguer dans la masse sombre, comme s'il pouvait les voir.

Mahler est stupéfait. Jamais il n'aurait imaginé qu'une telle intimité pût s'installer entre des êtres humains, sans le moindre mot, sans la moindre expression visible sur le visage, par le simple langage des corps. Langage subtil qui laisse aussi apparaître toutes les formes d'attirance et de répulsion. Tel corps peut attirer par sa douceur ou les formes d'un fessier répondant aux proportions du nombre d'or, tandis qu'un autre, maigre, sec et dur comme du cuir donne immédiatement envie de prendre ses distances.

Tout cela reste très général dans l'esprit de Mahler, sorte de lieu commun élevé au niveau de la philosophie de comptoir, alors que le point de départ de cette pensée est en réalité tout ce qu'il y a de plus concret. Mahler a en effet reconnu *un corps en particulier*. Ce corps a une odeur délicate et suave de crevettes sautées et ne cesse de se rapprocher de lui par la droite, alors qu'il se rend compte que les autres corps se rejoignent beaucoup plus rarement – en tout cas sans préméditation apparente. Et c'est au moment où Mahler s'engage dans d'autres réflexions aboutissant néanmoins toutes à la question de savoir à quoi il croit pouvoir attribuer le fait que ces autres corps se meuvent sans aucune intention, alors que celui-ci, sans doute féminin, agit sciemment, que la réponse à cette question se glisse à l'improviste dans sa main droite sous la forme d'une main gauche fine, délicate et qui, pour cette raison même, a toutes les caractéristiques d'une invite.

Mahler se sent complètement tourneboulé. Incapable de prendre la moindre décision, il laisse la main de l'inconnue se lover dans la sienne, et moins il bouge plus il se sent conforté dans sa léthargie. Non seulement cette main ne fait aucun effort pour se détacher de la sienne, mais que la personne à qui elle appartient se mette à discuter avec quelqu'un d'autre – sans doute, l'homme qui l'escorte –, sans pour autant lâcher sa main, le conforte dans la conviction qu'il n'est pas la cible aléatoire de ce contact. Si c'était arrivé par inadvertance, n'aurait-elle pas aussitôt retiré sa main pour la donner à celui qui l'accompagnait ? Évidemment que si. Mais telle n'était manifestement pas son intention, se dit Mahler qui, à partir de cette supposition parfaitement légitime, tire la conclusion a contrario que c'est justement pour ça qu'elle a cherché *sa* main.

Les choses s'éclaircissent au sens propre du terme lorsque la musique s'arrête et que la lumière revient peu à peu dans la salle. La personne à qui appartient cette main n'est autre que Margaret qui, balbutiant une excuse et invoquant une méprise, la retire aussitôt. Les joues en feu, la tête baissée, elle reste là sans un mot, désemparée, avant d'approcher machinalement la main de ses yeux, comme si elle voulait examiner ses ongles de plus près. Mahler y voit instantanément un geste d'embarras, car, en continuant à observer attentivement la scène, il remarque rapidement que le regard de Margaret ne se porte pas sur ses doigts à peine effleurés. Ses yeux scrutent attentivement les alentours pour voir si quelqu'un aurait pu être témoin de cette *méprise*, et brusquement elle ne peut retenir un tressaillement. En suivant la ligne de son regard, Mahler aperçoit alors la silhouette immobile et muette de William dont l'expression impassible ne laisse prévoir aucune réaction. Froehlich ne dit pas un mot, fixant l'espace entre Margaret et Mahler, comme s'il y découvrait quelque chose, les restes de ce contact furtif qui a eu lieu quelques secondes auparavant. Et c'est ainsi que Mahler et Froehlich se dévisagent un instant en silence sans qu'il soit possible d'affirmer si ce silence est en rapport avec cette méprise.

Il ne faut pas attendre longtemps pour le savoir. En effet, Froehlich soudain explose et incendie Margaret dont la mâchoire commence à trembler. Elle fixe son verre de martini vide comme si elle avait découvert quelque chose au fond, et Mahler aurait volontiers reculé d'un pas s'il n'était pas déjà adossé au comptoir. Ce n'est pas croyable, hurle Froehlich, vers qui les têtes commencent à se tourner. Et alors que tous se préparent à un déchaînement de violence, il lève la main et montre le verre de Mahler. On ne va tout de même pas laisser un invité avec un verre vide ! C'est quoi ces façons ! ? Et aussitôt il commande à l'homme debout derrière le comptoir et qui ne le quitte pas des yeux une tournée générale. Puis devant tout le monde, il demande à Margaret de bien s'occuper de leur invité pendant qu'il rameute quelques personnes dont Mahler doit absolument faire la connaissance.

Bien sûr, bien sûr, glapit Mahler soudain en proie à une exubérance hystérique après être passé par tous les degrés de l'émotion. Bien sûr, bien sûr, répète-t-il, soulagé, avant d'invoquer un autre besoin pressant de soulagement et de se diriger incontinent vers les toilettes.

Berlin, printemps 1941

Après avoir somnolé un moment, le célèbre contrebassiste de jazz Paul Henkel a vu tous ses rêves se réaliser *d'un seul coup*. En effet, pendant plusieurs nuits, il avait rêvé qu'un lustre tombait du plafond de sa chambre et l'écrasait dans son lit. Et effectivement, lors d'un raid aérien nocturne, voilà que son appartement est frappé par une bombe, le luminaire se détache et le touche à l'épaule et au cou. Henkel, qui n'est heureusement que légèrement blessé, est évacué sur une civière et transporté dans une ambulance appelée d'urgence. En route pour l'hôpital, l'ambulance entre en collision avec une autre ambulance fonçant vers le même hôpital. De l'amas de tôles, on ne peut retirer que les restes méconnaissables de Paul Henkel qui a succombé à ses blessures.

Telle est en gros l'histoire qui parvient aux oreilles de Mahler, planté devant un urinoir en train de soulager sa vessie. Il n'est pas en mesure de se concentrer sur les détails du récit, car il est un peu éméché. Et pourtant, d'une certaine manière, l'histoire lui semble significative. Est-ce le début de quelque chose de grand ? se demande Mahler. Cet épisode ne pourrait-il pas être le point de départ de son roman ? (Ce ne sera pas le cas mais il y trouvera quand même sa place, comme il s'avérera plus tard.) Enthousiasmé par cette idée, il baisse les yeux et cherche machinalement son stylo à encre noire dans sa poche de poitrine – rien ! D'une main – l'autre restant évidemment occupée – il palpe toutes ses poches. Toujours rien ! Rembruni, il se demande où il pourrait en trouver un, car le souvenir de ce qu'il vient d'entendre se dissipe déjà. Dans un état intermédiaire entre peur et mauvaise humeur, Mahler se précipite hors des toilettes sans même prendre le temps de se laver les mains, se fraye un passage jusqu'au bar en jouant des coudes et demande au barman : Donnez-moi vite de quoi écrire, ça presse !

J'ai l'impression. Je ne vous conseille donc pas de prendre une pression…

Je veux de quoi écrire ! Vite ! beugle Mahler qui n'a pas le cœur à plaisanter.

D'accord, d'accord. Le barman qui n'a pas vu depuis longtemps un client d'aussi mauvaise humeur lui tend prestement un stylo. Et pour se mettre à l'abri de nouveaux aboiements de cet individu et le calmer – sans doute un Autrichien ou un Bavarois, à en juger par son accent –, il lui sert quand même une Paulaner.

Mahler n'y touche pas. Dans une sorte de frénésie, il se met à noter ce dont il se souvient – mais force lui est de constater que son esprit embrumé par l'alcool ne se souvient plus de grand-chose. Il relève la tête, regarde autour de lui comme s'il espérait y trouver un peu d'aide. En vain. Rien que des costumes à fines rayures, des boutons d'uniforme étincelants, des ombres furtives ; même le souvenir du sourire attendrissant de Margaret ne lui est d'aucun secours. Il fait une grimace de dépit, son corps se penche de nouveau sur le papier comme tordu par une douleur, mais rien ne vient.

Comment continuer dans ces conditions ? Retourne-toi, aimerions-nous lui dire. La solution à ton problème est juste là sur le comptoir ! Le verre de bière ou plus exactement la belle chope embuée et ruisselante de gouttelettes t'attend. Une simple gorgée pourrait suffire à remettre tes pensées d'aplomb. Seulement Mahler ne nous entend pas, ne peut pas nous entendre. C'est le triste sort du narrateur :

même si c'est une souffrance pour lui, il ne peut faire autrement que de regarder évoluer ses personnages, sans avoir aucune prise sur eux ; il ne peut que rendre compte de leurs errements et tourments pour que leurs erreurs servent de leçon aux générations futures auxquelles entre-temps nous appartenons.

Mais revenons à Mahler qui se débat depuis un moment avec ses idées qui lui échappent. Voilà que Froehlich s'approche, suivi de près par un, deux, trois, quatre musiciens en smoking. Quelle conscience professionnelle ! s'exclame l'Irlandais en s'adressant à la fois aux musiciens et à Mahler. Il est là depuis à peine quelques heures que déjà il se lance dans la chronique de votre art.

Comme chaque fois que Froehlich ouvre la bouche, il parle d'une voix nasillarde qui laisse supposer qu'il va dire quelque chose d'abusif ou d'inconvenant, et tout suggère qu'il va lancer une pique contre le Suisse. Fausse alerte. Ses propos font que non seulement leur auteur mais aussi les personnes alignées devant le comptoir par ordre de taille hochent la tête en signe d'approbation.

Mahler esquisse un sourire embarrassé, il fixe le sol d'un air honteux et, en cherchant l'appui du comptoir, sa main entre en contact avec la chope de bière. Il la porte enfin à ses lèvres mais fait aussitôt la grimace. Le breuvage a le goût infect d'une bière de Cologne directement tirée du fût, une infâme Kölsch pour laquelle il ne cache pas son dégoût. Sa réaction lui vaut immédiatement la sympathie de Lutz Templin et de Willy Berking, tous deux natifs de Düsseldorf, la grande rivale de Cologne, qui partent dans un grand éclat de rire et le félicitent pour l'excellence de son goût. Après cet intermède – il fallut quand même expliquer à l'Italien Mario Balbo la raison de ces rires –, les deux hommes se présentent. Mahler se rend compte immédiatement qu'ils ne sont pas simplement liés par une aversion commune pour tout ce qui vient de Cologne mais aussi par une gaieté toute rhénane et une profonde amitié. Froehlich lui explique ensuite, les plaisanteries ne suffisant pas aux présentations, que Willy Berking est le tromboniste et Lutz Templin, un type du tonnerre, l'*arrangeur* du groupe.

Ah ! dit Mahler, qui ne sait pas vraiment ce qu'est un arrangeur. Ça fait un peu bricoleur, artisan de dernière minute – mais ça ne l'intéresse pas assez pour qu'il cherche sérieusement à clarifier la situation et il reste là sans plus rien dire à siroter sa bière éventée avec une mine de dégoût non dissimulée.

Et lui, c'est Mario Balbo, continue Froehlich en montrant du doigt le petit Italien au pantalon trop large. Il joue du saxophone comme personne.

L'homme en question s'incline en entendant son nom puis tend la main à Mahler qui la regarde d'abord dans un mélange d'hésitation et de désarroi avant de la serrer. L'Italien, manifestement au fait des comportements névrotiques des hommes de lettres, ne laisse rien paraître. Avec des manières exquises, il fait un peu de *small talk*, comme seul Froehlich en est aussi capable. Mais quand il se rend compte que l'attention du Suisse se porte sur le quatrième musicien, il se détourne avec une grâce souveraine et fait glisser son regard vers la salle, comme s'il y cherchait une personne plus digne de sa compagnie.

Mahler ne s'en rend bien sûr pas compte, tant il est fasciné par celui qui jusqu'à présent n'a pas dit un mot et qui finit par se présenter. Fritz Brocksieper a des yeux noirs et brillants et des cheveux du même éclat. Quand

Templin assure que Brocksieper est le meilleur batteur que l'on puisse imaginer, ce dernier fait comme s'il n'avait pas entendu. Il semble au-dessus de tout ça – c'est d'ailleurs le plus grand du groupe. Pourtant Mahler ne s'en est pas aperçu auparavant, car ce Brocksieper, qu'il marche ou reste debout sans bouger, ne se tient pas droit, comme s'il ne voulait pas faire de l'ombre aux autres.

Cette modestie au parfum résolument républicain le rend aussitôt sympathique à Mahler qui suscite à son tour la sympathie de Brocksieper lorsque l'écrivain lui dit qu'il est vraiment impressionné, profondément impressionné. Jamais encore il n'a entendu jouer du jazz de façon aussi stupéfiante, parole d'honneur.

Allons donc, en Suisse il y a tous ces grands hôtels… d'ailleurs une fois… et comme ça, vous venez de Suisse… si loin… vraiment ravi ! Mais que vous n'ayez encore jamais, dans votre patrie helvétique… vraiment j'ai du mal… quoi qu'il en soit, merci… vraiment merci beaucoup… même si je ne mérite pas… en aucun cas. Néanmoins je suis très honoré, n'allez pas mal me comprendre… mais – par Dieu ! – on peut faire beaucoup mieux.

Comme pour en apporter la preuve, Brocksieper adresse un signe de la main à son groupe de musiciens et, après s'être incliné pour prendre congé, il se dirige vers la scène d'un pas chaloupé. Et moins d'une minute plus tard ses mains agiles volent au-dessus de la batterie. Tandis que Froehlich tape sur les épaules de son protégé et commande la tournée suivante, Mahler se sent envahi par un étrange sentiment que les anciens appelaient ἀναγνώρισις : l'anagnorisis. Ce Brocksieper, il l'a déjà rencontré quelque part, mais où ? Un disque peut-être ? Pourtant ce n'est pas un chanteur ! Saperlipopette ! Cette façon hachée de parler sans finir ses phrases, toutes ces interjections, il l'a déjà entendue… Bon Dieu… mais c'est bien sûr ! Dans les toilettes ! Eurêka !

Tout joyeux, il prend le verre de schnaps que lui tend Froehlich à qui il demande aussitôt s'il lui serait possible de revoir ce Brocksieper. Il a l'intention de…

Évidemment, sans problème, et même demain s'il veut, ou peut-être plutôt après-demain, tout dépendra de l'heure à laquelle Mahler se réveillera et dans quel état. Et juste au moment où celui-ci se demande ce que Froehlich veut dire par là, voilà que Krenek qu'on croyait disparu vient lui en faire la démonstration : il se plante à côté de Mahler, complètement ivre, tangue un instant avant de vomir tripes et boyaux.

Berlin, 1941

Bien que l'hôtel Kaiserhof situé entre la Wilhelmplatz et la Mauerstraße ait son entrée principale sur la Zietenplatz tout en longueur, l'annuaire téléphonique indique comme adresse officielle : Mohrenstraße 1-5. Et qui occupe, comme Fritz Mahler, l'une des chambres situées à l'angle nord-ouest de ce bâtiment en forme d'énorme carton à gâteau peut, quand la lumière est favorable, observer les fonctionnaires en plein travail au ministère de l'Éducation populaire et de la Propagande situé juste en face.

Depuis l'ouverture de l'Adlon non loin de là, le Kaiserhof n'est plus l'adresse la plus prestigieuse de la ville et il faut bien reconnaître que le style éclectique mêlant des éléments humbertiens, victoriens et Second Empire n'est plus vraiment au goût du jour. Pourtant, outre la proximité immédiate des ministères et l'excellente desserte assurée par les transports en commun, il offre encore toutes sortes d'agréments comme des ascenseurs pneumatiques, un café viennois et une cour intérieure protégée par une verrière où, sous de gigantesques palmiers, on peut savourer un café à 75 pfennigs (plus les 10 % de taxe sur les boissons). De surcroît – et cela ne va pas forcément de soi – la plupart des 250 chambres sont équipées d'un téléphone.

Dès le premier jour, ce luxe se révèle être un inconvénient de taille pour Fritz Mahler. En effet, dix heures n'ont pas encore sonné que déjà Froehlich l'appelle pour lui donner de sa voix nasillarde une foule de détails pratiques en rapport avec la tâche qui l'attend : une avance de 30 000 reichsmarks payable en deux fois, une première moitié à l'acceptation du contrat, l'autre moitié à la remise du manuscrit ; prise en charge de la nourriture, du logement et des frais de déplacement (conserver les justificatifs !) ; autorisation d'accéder dans la mesure du possible aux dossiers personnels et aux plans de service (sur le contenu desquels l'auteur, c'est-à-dire Mahler, doit garder le secret le plus absolu) ; accès illimité aux studios d'enregistrement de la Maison de la Radio et de ses annexes, dans la mesure où cela est nécessaire à l'écriture de son ouvrage ; l'auteur cède à une maison d'édition – à déterminer ultérieurement – l'exclusivité des droits d'utilisation pour les éditions principales et secondaires avec un taux de droits d'auteur de 10 %, les droits d'auteur restant naturellement chez l'auteur (nous ne sommes pas dans une république bananière) ; le titre et la couverture de l'ouvrage sont du ressort du ministère.

Froehlich prend une grande inspiration.

D'autres questions ?

Quel est le titre ?

Pardon ?

Le titre du roman. C'est quoi ?

Ah ! *Le Jazz band de Goebbels.*

Le Jazz band… ?

Exactement. Vous l'avez bien noté ?

Oui, dit Mahler, d'une voix hésitante en répétant ce qu'il a bien noté : *Le Jazz band de Goebbels.*

Parfait. Autre chose ?

Mahler réfléchit.

Beaucoup de choses en fait.

Froehlich hésite. Mahler l'imagine en train de jeter un coup d'œil à sa montre.

Est-ce que Froehlich pourrait lui expliquer en quelques mots comment fonctionne cet orchestre de jazz, pourquoi il existe, pourquoi il porte un nom… eh bien…

… un nom aussi ridicule ?

Exactement. Et il se demande aussi quel est le rapport entre lui, Froehlich, et ce programme radiophonique…

Tout vient à point à qui sait attendre, l'interrompt celui-ci qui lui promet de le rappeler dans les jours qui viennent. Puis il ajoute qu'il a dans son bureau un dossier avec les documents nécessaires qu'il va lui envoyer *dès aujourd'hui* par la poste pour que Mahler ait tout sous la main.

Et effectivement, après plusieurs appels téléphoniques, un long déjeuner au restaurant Funkeck et la lecture des premiers dossiers, Mahler comprend la chose suivante : le Britannique qui se calera sur la fréquence de l'émetteur de Hambourg (station de Brême) y trouvera le canal officiel de l'Allemagne en langue anglaise qui, dans la guerre des ondes, est la principale arme de l'Allemagne contre l'Angleterre. Le nom du programme est celui du message répété trois fois à chaque début d'émission : *Germany calling !* (qui ressemble plutôt à *Jairmany calling* dans la bouche de Froehlich) ; il permet d'apprendre tout ce que censurent le *ministère britannique de la désinformation* et la BBC qui est à sa botte : quel navire a été récemment coulé, combien d'avions ont été abattus, combien de régiments ont été obligés de se rendre et combien de soldats (tous cités par leurs noms) ont été faits prisonniers. Puis on procède évidemment à une *intégration critique* de tous ces détails dans l'actualité mondiale, on y ajoute des analyses de fond, des débats et des reportages sur le front, et parfois aussi des commentaires satiriques, assaisonnés de jazz et de petits sketchs où les grandes figures alliées sont montrées telles qu'elles sont vraiment : déboussolées, égoïstes, stupides et bavardes.

Une *émission d'information* donc, mais comme la parole finit par lasser et abrutir l'auditeur, on introduit des intermèdes musicaux en rapport avec le goût du grand public anglo-saxon (qui, *pour parler franchement*, est plus que douteux, mais il faut bien faire avec).

Et c'est là qu'intervient *Charlie and his Orchestra*, l'orchestre de jazz créé par le ministère de la Propagande qui *met sur le pied de guerre* (petite blague en passant) les meilleurs musiciens d'Europe, indépendamment de leurs origines et (fait notable) de tout ce qui compte aujourd'hui. Sous la direction de l'arrangeur Lutz Templin (et non pas du chanteur Charlie Schwedler, comme on pourrait le croire vu le nom du groupe), cet orchestre enregistre chaque jour de nouveaux morceaux. Il s'agit, la plupart du temps, de nouvelles interprétations de tubes de jazz américains et britanniques, auxquels on ajoute parfois une ou deux petites strophes bien senties.

Voilà pour les faits. Maintenant il s'agit d'écrire un roman, un *ouvrage accessible à tous*, comme l'indique la directive que Mahler n'a jamais vue de ses yeux mais que Froehlich lui a lue si souvent qu'il pourrait la réciter par cœur.

Fort bien. Mais comment le ministère imagine-t-il les choses ? Et comment Mahler lui-même se les imagine-t-il ? Comment raconter l'histoire de quinze artistes totalement différents dont le seul point commun est l'amour de la musique et un smoking impeccable ?

Berlin, 1941

Il suffit de quelques jours pour que la chambre de Mahler se retrouve dans le désordre le plus complet. Partout s'empilent en cercles concentriques autour du bureau des dossiers agrémentés de relevés, de listes et de notes agrafés, dont beaucoup sont constellés de taches de café jusqu'à en être illisibles. Des livres sont également disposés ici et là. Comme par hasard, on y trouve le *Wilhelm Meister* de Goethe, *Henri le Vert* de Gottfried Keller et *L'Arrière-saison* de Stifter. Seul le centre de ce fouillis, tel l'œil du cyclone, présente un petit espace libre : le milieu du bureau au-dessus duquel Mahler est penché. Devant lui, une tasse de café chaud ; à gauche, un crâne censé donner à sa chambre un air de cabinet d'érudit. Il a apporté cette tête de mort de chez lui en dépit des réticences de sa mère qui a essayé de le convaincre que c'était absolument interdit. Erreur ! Quand le douanier avait découvert cet objet grisâtre calé entre ses chemises en soie, il lui avait dit que les têtes de mort ne posaient absolument aucun problème, avant d'ajouter : Le problème en ce moment, ce sont plutôt les têtes des vivants.

Voilà donc comment se présente la chambre de Mahler au Kaiserhof. À première vue, rien de vraiment extraordinaire. À y regarder de plus près, on a toutefois l'impression que certaines choses sont un peu exagérées, il y a partout de légers excès qui, pris séparément, ne porteraient pas à conséquence mais qui, par leurs répétitions, soulèvent quand même quelques questions, comme celle de savoir, par exemple, si l'on a vraiment affaire à un individu dont la chambre est complètement chamboulée en raison d'une activité de recherche débordante ou si c'est seulement l'impression que ledit individu cherche à donner. Cette question est d'autant plus importante que, lorsque le garçon d'étage arrive dans sa chambre, il trouve chaque fois Mahler allongé sur son lit, le regard perdu dans le vide.

Mahler reste reclus ici des journées entières, penché sur l'étude monotone de ses dossiers, même si le monde extérieur ne le voit pas. Parfois il fait une petite pause et se livre à une plaisanterie macabre avec le crâne qui l'observe de ses grands yeux sombres. On dirait qu'il est toujours prêt à rire, ce qui fait sourire Mahler. Pour le reste, il ne s'accorde guère de distraction dans la grisaille de son activité, et comme ses fenêtres sont orientées vers le nord, il ne remarque même pas le soleil se lever et se coucher. La seule chose qui rythme ses journées, c'est la sonnette du garçon d'étage qui apporte le petit déjeuner, un en-cas à dix heures, le déjeuner, le goûter et enfin le dîner.

Mahler ne suit pas de méthode prédéfinie dans sa recherche, ce qui serait pourtant conseillé vu le nombre grandissant de dossiers et de documents à consulter et à dépouiller. Comme un pêcheur amateur, il jette ses filets où bon lui semble, mais il parvient toujours à remonter à la surface de splendides prises qu'il s'empresse de lister et de reporter sur des fiches. Il est tout émoustillé quand il découvre des indications très concrètes, des dates exactes et des chiffres précis en prise directe avec la réalité :

— Un membre de *Charlie and his Orchestra* reçoit en général 16 reichsmarks par enregistrement.

— Les disques de l'orchestre sont vendus par la Deutsche Grammophon AG.

— Les répétitions et les enregistrements ont lieu le matin entre neuf heures et midi.

Cette dernière information lui apparaissant particulièrement intéressante, Mahler décide aussitôt, dès qu'il aura terminé le chapitre portant sur ses travaux de recherche, d'en consacrer un complet à sa visite au studio d'enregistrement. Et pour ajouter un peu de piment à l'affaire, son alter ego fictif ne prendra pas le métro pour se rendre au Messedamm, il aura recours aux services d'un chauffeur de taxi plus ou moins louche, ce qui bien évidemment le fera arriver en retard.

Tandis que la partie la plus hasardeuse de son esprit s'apprête déjà à imaginer cette rencontre avec l'orchestre de jazz, une sorte de dialogue avec lui-même s'engage dans la zone où réside la raison pure et lui fait entrevoir que tous les détails qui l'ont tellement mis en joie ne sont, à bien y regarder, que d'un piètre intérêt pour l'ouvrage qu'il est censé écrire. En effet, pourquoi serait-il important de savoir que les honoraires sont de 16 reichsmarks par jour et non de 15 par exemple ? On pourra certes objecter qu'on apprend ainsi que les artistes sont bien – et même très bien – payés, mais, à supposer que cette information ait une quelconque pertinence, on pourrait aussi l'exprimer autrement et dire par exemple que le travail des musiciens est bien rétribué. Il en va de même pour les plages d'enregistrement : qu'est-ce qui changerait si l'orchestre ne commençait ses répétitions qu'à dix heures et terminait par exemple à quatorze heures ou bien commençait à quatorze heures et terminait à dix-huit heures ?

Mahler ne devrait-il donc pas repenser toute l'affaire, brider sa joie et laisser de côté tous ces détails qui le ravissaient ? Oh non ! lui susurre alors une petite voix intérieure. Se poser ce genre de questions, c'est se poser de fausses questions. Il va de soi que ces détails n'ont rien à voir avec le contenu informatif et que le lecteur ne sera pas plus avancé s'il connaît les adresses, les horaires, le montant des rémunérations, les numéros de cartes de membres du parti, le temps qu'il faisait à tel ou tel moment. Et si Mahler modifie quelques données, les tourne à son avantage, invente ou retranche certaines choses, il est certain que personne ne s'en apercevra, parce qu'elles ne sont pas pertinentes pour l'histoire à raconter. Toutefois, ces détails minutieusement recherchés – et peut-être pas forcément minutieusement restitués – sont propres à donner l'illusion du vrai, se dit Mahler, ils répondent à une prétention à l'authenticité qui serait moins accomplie si, au lieu de dire : *de neuf heures à midi*, on disait simplement : *le matin*, et si au lieu de parler de *16 reichsmarks* on disait simplement : *beaucoup d'argent*. Ce sont précisément ces détails qui, justement parce qu'ils sont subrepticement introduits dans la trame du récit, forment le cadre précieux qui transforme le tableau inextricable du vrai et du faux en une image crédible et cohérente de la réalité. Et à ses yeux, c'est là que se rejoignent de façon singulière l'essence de la propagande et celle de la fiction littéraire.

Berlin, 1941

Si, après un quatrième verre de vermouth, on regarde un plan des quartiers ouest de Berlin, on y découvre aisément d'ouest en est, grâce à une imagination fouettée par l'alcool, l'image d'un petit bonhomme en train de danser. La Savignyplatz est la tête, Nolli et le Tiergartendreieck sont les pieds, le Ku'damm et la Hardenbergstraße font les bras relevés et la taille est marquée par le rapprochement de la Budapester Straße et du Ku'damm.

Quiconque se donne alors la peine de consulter l'annuaire téléphonique constate qu'une grande partie des bars, des brasseries et des débits de boissons sont intégrés dans ce personnage. Il est dès lors logique que les établissements les plus coûteux, comme le Carlton ou le Ciro Bar, se situent exactement là où on s'attendrait à trouver le portefeuille de ce bonhomme imaginaire, et l'observateur enivré par le vermouth ne considérera certainement pas comme une coïncidence le fait qu'à l'emplacement du cœur on tombe sur le palpitant Delphi où chaque table est pourvue d'un téléphone, où les lumières du plafond font un ciel étoilé et où le swing endiablé des musiciens de jazz tire les spectateurs de leur torpeur.

Il est facile de comprendre qu'une traversée de ces quartiers de Berlin fait s'emballer le rythme cardiaque de tout ivrogne en mal de sensations fortes. À chaque coin de rue, il y a un bar et, sur les cent mètres qui les séparent, il y en a au moins encore trois ou quatre autres. Ici, au sud du Zoologischer Garten, le quotidien bat son plein ; les privations, les peines et les fatigues de la guerre ne se font plus guère ressentir, et c'est le bon endroit pour les oublier au plus vite. Ce n'est peut-être pas un hasard si au centre de cette partie de la ville se dresse, tel un doigt inquisiteur, la Gedächtniskirche, l'église du Souvenir.

C'est dans ce quartier que les musiciens du *Charlies Orchester* passent le plus clair de leur temps après le travail, et il n'est donc pas étonnant de les retrouver aujourd'hui dans la Joachimstaler Straße, du moins cinq d'entre eux. La soirée est inhabituellement douce pour la saison, il y a encore l'odeur de cette pluie printanière qui s'est abattue sur la ville une demi-heure plus tôt, et les derniers filets d'eau s'écoulent en clapotant dans les rigoles. Le temps s'est sensiblement éclairci, une lune légèrement entamée est suspendue au-dessus des toits, et la chaussée humide brille comme une aiguille d'argent dans la lumière froide.

Dans la rue règne un incessant va-et-vient. Des portes du rez-de-chaussée s'échappent des mélodies ébouriffées, des salves de rires jaillissent et viennent se fracasser sur le pavé. Devant l'entrée des bars, c'est une cohue sans fin, des gens à la recherche de divertissements font la queue sur les trottoirs et jusque sur la chaussée. Les voitures bloquées klaxonnent, les policiers sont obligés d'intervenir pour faire circuler les gens qui partent en grommelant pour aller tenter leur chance ailleurs. Bref : dès le cinquième ou sixième schnaps, on a l'impression de faire partie du chaos d'un tableau de George Grosz, même si les réclames lumineuses et les réverbères ont dû se plier aux consignes d'extinction des éclairages.

Mais Angeli, Brocksieper, Templin, Tevelian et van Venetië sont loin d'avoir un coup dans le nez. Ce n'est que le début de la soirée, on n'a pris que deux shots au Dschungelbar pour raccourcir un peu le trajet jusqu'à l'Olivaer Platz – peut-être certains d'entre eux espéraient-ils ainsi atténuer la tension dont ils avaient souffert au cours des derniers jours. En vain. Même maintenant, alors qu'ils s'engagent dans la Lietzenburger Straße, chacun ressent un déchirement et un tiraillement dans sa poitrine. Ils passent devant les lampadaires assombris à cause du couvre-feu, et quand ils regardent leur voisin, ils ont tous l'impression que l'autre prend sa respiration pour dire quelque chose. Mais rien ne vient. Un silence pesant continue de régner et, à quelque distance les uns des autres, ils poursuivent leur marche dans la nuit, prisonniers d'une douleur muette. Et s'il n'y avait le bruit mat de leurs talons sur les pavés, chacun pourrait croire qu'il marche seul dans le noir.

Enfin on approche du Arndts Bier Bar. Mais même la perspective d'une bière bien fraîche et des paroles chaleureuses de Robert Arndt les saluant à travers l'épaisse fumée de cigarettes ne parvient pas à dissiper leur morosité. Sans un mot, ils se frayent un passage à travers la foule bruyante, avant de se laisser tomber l'un après l'autre – et toujours sans rien dire – sur les coussins graisseux d'un banc d'angle. Et ils restent assis là, muets, les yeux rivés sur le plafond, le sol ou le comptoir.

Il faut dire que quelques jours après la venue de Mahler, l'orchestre s'était retrouvé en pleine ébullition. Un mot était venu hanter l'esprit des quelques musiciens présents lors de son arrivée et ce mot s'était répandu comme une traînée de poudre, tant et si bien que, vingt-quatre heures plus tard, tous les musiciens étaient devenus la proie d'une formidable peur engendrée par ce terrible mot de huit lettres qui ne cessait de danser devant leurs yeux.

Le travail avait quand même apporté une sorte de dérivatif et une discussion sur des séquences de notes ; un trémolo ou un rythme de batterie arrivait à leur faire oublier momentanément leurs soucis. Mais alors qu'ils se retrouvaient tous pour la première fois hors des salles de répétition et des studios d'enregistrement, il ne leur était plus possible de refouler ce mot qui les obsédait, condamnés qu'ils étaient à en parler. C'est dans ces moments-là que les peurs se révèlent, elles se reflètent sur les visages et commencent à palpiter à l'unisson dans les têtes comme sous l'effet d'un métronome invisible. Mais personne n'est encore prêt à parler, il faut d'abord ouvrir une brèche dans ce mur de silence et le mieux est d'attendre que les fondations s'écroulent.

Personne n'en est aussi conscient que ce touche-à-tout de Robert Arndt qui, en tant que patron du bar, sait très bien de quoi ses clients ont besoin, tout comme il sent, en tant que trompettiste de jazz, que ses collègues qui font grise mine dans un coin sont en train de filer un mauvais coton. Arndt n'est pas homme à s'apitoyer et à se laisser gâcher son plaisir. (Il ne fait d'ailleurs rien qui ne soit motivé par le plaisir : il n'est pas obligé de tenir un bar ou de jouer de la trompette, mais que faire d'autre quand on a autant d'atouts dans ses mains, sauf à se condamner à ne rien faire ?) Il ne tergiverse pas longtemps, sort une bouteille de Cointreau de derrière son comptoir et aligne prestement six petites tasses à café sur un plateau ; il y verse une bonne rasade de liqueur que vient compléter (pour le peu qui reste) du café bien chaud qu'un serveur apporte à point nommé. Puis d'un claquement de doigts il fait signe au *petit juif* Schumann et à quelques autres musiciens qui traînent près du comptoir de monter sur scène et de jouer un air entraînant avant de fendre la foule en tenant d'une main son plateau et en le protégeant de l'autre.

Qu'est-ce qu'il se passe, demande-t-il à van Venetië, soit parce qu'il semble le plus déprimé, soit parce qu'il est le plus à même d'accueillir la plaisanterie qui lui vient à l'esprit : Tu en fais une tête ! On dirait que tu as perdu la guerre !

D'habitude le Hollandais n'a rien contre ce genre de plaisanterie, mais cette fois il se mord la lèvre inférieure, sans faire mine de se rallier aux ricanements faussement contrits de Bob Arndt. Ce dernier se racle ostensiblement la gorge avant de s'adresser à tout le groupe :

Allez ! Un petit Cointreau, messieurs, dit-il d'un ton condescendant en posant le plateau sur la table et en ajoutant avec un clin d'œil : Comme on le sait depuis la bataille de Sedan, *rien de tel qu'un bon « français » pour vous changer les idées.*

Six ? dit Brocksieper, perdu dans ses pensées, en s'adressant à Arndt qui, tout sourire et convaincu de la force irrésistible de son humour, répond aussitôt : *Réserve stratégique.*

Et en effet, les petites tasses fumantes sont encore sur le plateau qu'apparaissent dans le tambour de la porte les immenses oreilles déployées en étendards du saxophoniste Eugen Henkel qui jette de larmoyants regards à la ronde. Ses minuscules yeux vont de droite et de gauche derrière les verres de ses lunettes en nickel. On dirait deux olives dans un martini, ne peut s'empêcher de penser Angeli qui lève la main sans conviction, soit pour venir en aide à son collègue et le délivrer de son hésitation, soit pour commander sa boisson préférée. Henkel les aperçoit et, après avoir attrapé une chaise à l'entrée, se faufile à travers la foule et se fait maladroitement une place au milieu du groupe. Henkel regarde à gauche, salue, regarde à droite, salue à nouveau, regarde encore une fois à gauche, salue encore une fois, mais il n'obtient rien de plus qu'un simple hochement de tête ; et ne tarde pas à être gagné par la morosité ambiante. Il a beau être passablement imbibé, il comprend très vite la raison de cette humeur.

Toujours est-il qu'après la première tournée puis la deuxième et enfin la troisième qu'Arndt a spontanément ajoutée, les langues commencent à se délier entre les mâchoires toujours un peu crispées. Une conversation s'engage, sans but précis, et même Brocksieper, qui a gardé le silence le plus obstiné, commence à s'exprimer. Mais il est difficile de le suivre : il parle par à-coups, comme si sa langue n'était pas en liaison directe avec ses idées, comme si le moteur de ses pensées avait des ratés.

Pourtant, tout le monde sait où Brocksieper veut en venir et ils l'écoutent dans un mélange de nervosité et d'inquiétude. Tevelian ajuste pour la troisième fois son nœud papillon. Templin passe et repasse une branche de ses lunettes entre ses lèvres. Les mains d'Angeli glissent sans cesse sur son costume noir et lustré comme s'il cherchait à s'y raccrocher. Van Venetië continue de se mordre la lèvre inférieure. Quant à Henkel, il tambourine nerveusement de sa main droite une mesure à huit temps sur le plateau de la table.

Enfin, le mot est lâché. Il est dur et dirigé dans toute sa brutalité contre Mahler. Mais que faire ? Le mot a été prononcé et il s'agit maintenant d'affronter la vérité : Mahler est un mouchard. Un homme de paille. Une taupe. Tout le monde est d'accord là-dessus et chacun acquiesce, sauf Angeli, qui ne comprend pas. Mahler une *talpa* ? Un *uomo di paglia* ? Il a du mal à saisir de quoi il est question. On lui explique. Il approuve à son tour.

Un mouchard ! Mot à la fois terrible et libérateur. Quelqu'un l'a prononcé, ouvrant ainsi la voie à un déluge de questions que tout le monde se pose : Pour qui travaille Mahler ? Qui est son commanditaire ?

Les premiers soupçons se portent sur la Gestapo, bien sûr. Des juifs, des homosexuels, des étrangers, il y en a plus qu'il n'en faut dans l'orchestre, dit Brocksieper, et qu'ils jouent cette musique jazzy n'arrange rien.

L'Arménien Tevelian pousse un soupir, van Venetië fait de même. Mais Angeli, le troisième étranger du groupe, retrousse les lèvres et croise les bras sur sa poitrine. S'ils ne veulent plus de lui, ma foi, il partira.

Brocksieper a l'air un peu déconcerté, Templin aussi. Tevelian affirme qu'il est également prêt à partir.

Mais où ? demande Venetië.

Oui, où ? reprend Tevelian.

Henkel s'éclaircit la gorge. Il a une autre idée.

Et laquelle ? demande Brocksieper.

Il ne croit pas à cette histoire de Gestapo.

Ah bon ! dit Brocksieper.

Il dit cela *en tant que juif*, s'empresse d'ajouter Henkel, comme si cela expliquait quelque chose.

Demi-juif, corrige Brocksieper.

Quand même, dit Henkel.

Que ce soit *justement lui* qui ne croie pas à cette histoire de Gestapo n'a rien d'étonnant, insiste Brocksieper.

Henkel lui demande ce qu'il veut dire par là.

Je vais t'expliquer, repartit Brocksieper.

J'écoute, dit Henkel sur un ton de défi.

Messieurs, intervient Templin pour calmer le jeu, mais sans succès.

Alors, insiste Henkel. J'écoute.

Brocksieper fait une pause, comme s'il prenait son élan. Puis il dit ce que tout le monde est curieux d'entendre :

Vu les *différents* contacts qu'entretient Henkel, un juif comme lui n'a rien à craindre.

Il a lancé ça à la figure de Henkel qui semble vaciller un instant sur sa chaise. Il cherche ses mots pour répondre, mais déjà Angeli veut savoir de quels *différents* contacts il s'agit.

Goebbels, dit Brocksieper avant d'en rajouter une couche : la SS.

Angeli ouvre de grands yeux et demande à Henkel s'il connaît personnellement Goebbels.

Pas directement, dit celui-ci tout bas.

Mais indirectement ? interroge Angeli, qui essaie de faire la part des choses.

Henkel a un geste évasif de la main.

Et la SS ?

Ce n'est vraiment pas important, finit par ajouter Templin, et même si Angeli et Brocksieper ne sont pas d'accord, il ne veut pas se laisser reprendre la parole une deuxième fois. Il demande à Henkel pourquoi il croit que Mahler espionne pour la Wehrmacht, recentrant ainsi habilement la discussion.

Eh bien, dit Henkel, cela doit quand même finir par éveiller certains soupçons que, dans cet orchestre, presque tous les ordres d'enrôlement fassent chou blanc. Alors que les besoins en *chair à canon* ont considérablement augmenté ces derniers temps.

Raclements de gorge, sourcils qui se lèvent, fronts qui se plissent.

Wehrmacht ? Chair à canon ? Angeli regarde d'abord Henkel puis Templin. L'Italien est tiraillé, ça se voit sur son visage : pour la Wehrmacht, Mahler peut moucharder autant qu'il le veut, cela ne le concerne pas. Il aimerait bien prendre une profonde inspiration, mais il n'ose pas. Est-ce que tout ça est vraiment crédible ?

Non, dit Templin sans détour, et Angeli laisse instantanément retomber ses épaules. D'après lui, la mission de Mahler serait plutôt d'espionner l'orchestre dans son ensemble. Tout le monde sait maintenant que le projet de Goebbels sur la mise en place d'une nouvelle forme de propagande s'est heurté à une assez large opposition.

Ce serait donc contre Goebbels ? Cette nouvelle façon de voir les choses plonge tout le monde dans la consternation. Une discussion chaotique s'engage. Le solo de guitare dans lequel se lance Schumann sur la scène ne fait rien pour arranger la situation. Dès les premiers accords, Meg Tevelian s'est retiré de la conversation, suivi par Henkel. Quant à Templin, qui a dressé l'oreille (est-ce que ça pourrait être une bonne recrue pour l'orchestre ?), il est distrait par Margaret Joyce, dont le visage écarlate apparaît soudain au milieu des fumées de cigarettes. Il lui fait signe de venir les rejoindre, mais Margaret ne répond que par un salut furtif avant de disparaître dans le sillage – voyez-vous ça ! – d'un officier de la Wehrmacht.

Une fois que Schumann a fini de jouer, Templin essaie de remobiliser l'attention de ses compagnons, mais voilà que Robert Arndt s'approche de la table pour une nouvelle tournée de Cointreau. Comme personne ne le félicite d'avoir fait jouer Schumann fort à propos, il s'en charge lui-même. Arndt est tout frétillant et il s'envoie un autre petit verre derrière le comptoir avant de retourner à ses clients.

Toujours assis dans le coin avec les autres, Templin lève son index. Il faut *gérer cette affaire*, lance-t-il. Il n'emploie pas le terme de *danger*, mais tout le monde sent que ce mot a sa part dans le tremblement de sa voix. Il faut composer d'une façon ou d'une autre avec Mahler, car il est impossible de s'en débarrasser.

Et pourquoi pas ? demande quelqu'un, aussitôt suivi par un autre.

Eh bien, parce que cela demanderait le recours à d'autres *mesures*.

D'autres mesures ? demande van Venetië.

Plus dures, dit Templin.

Tout le monde pousse un soupir. Brocksieper en premier.

Et donc ? demande Angeli.

Donc, reprend Templin, il faut d'abord embobiner Mahler pour en savoir plus sur ses commanditaires et ses motivations. Une fois qu'on en saura davantage sur lui et qu'on aura gagné sa confiance, il sera plus facile de le compromettre.

Berlin, 1941

Mahler a rendez-vous à neuf heures précises à la Maison de la Radio et il a pris soin de mettre son réveil de voyage. La sonnerie frénétique l'arrache à son sommeil à six heures et demie. Il rejette la couverture, se frotte les yeux, bâille à s'en décrocher la mâchoire, se dirige vers la salle de bains à pas titubants, se campe devant le lavabo et, tout en faisant mousser son savon à raser, jette un regard torve vers le visage blême aux yeux cernés qui se présente à lui dans le miroir. Il a l'impression qu'au fil des semaines il ressemble de plus en plus au crâne gris posé sur son bureau, qui lui tient compagnie.

Deux heures plus tard, et sans même avoir pris de petit déjeuner, car c'est le temps qu'il a fallu à Mahler pour s'habiller, il traverse le hall d'un air renfrogné et, à peine dehors, se dirige vers un taxi qui attend devant l'hôtel, bien que la station de métro soit à un jet de pierre. Avec ce mode de transport, il serait arrivé à la Masurenallee en un rien de temps, alors que le taxi va s'appliquer à faire des tours et des détours pour rallonger la course. Le chauffeur est un filou qui a du bagout, ce n'est pas pour rien qu'on dit que les Berlinois ont une grande gueule. Le compteur tourne déjà depuis un certain temps quand Mahler monte dans la voiture. Ce dernier le fait remarquer au chauffeur qui, sans se démonter, lui répond qu'attendre fait partie de son travail et qu'il doit donc être rémunéré pour ça. D'ailleurs le temps qu'il a passé à attendre devant l'hôtel a manifestement profité à Mahler, il est donc parfaitement normal qu'il le lui facture.

Mahler se contente d'acquiescer avant de demander au chauffeur d'aller au plus vite, ce que l'autre ne se fait pas dire deux fois. Il appuie sur le champignon, la vieille Opel démarre sur les chapeaux de roues, oblique dans la Wilhelmstraße en faisant crisser les pneus, fonce en soulevant derrière elle de petits nuages de poussière, passe en trombe devant la chancellerie du Reich et le ministère de la Justice et file en direction de la porte de Brandebourg.

Le taxi traverse le Tiergarten, franchit le Landwehrkanal, et même s'il fait un petit détour inutile par la Savignyplatz et la Gedächtniskirche, il se rapproche toujours plus du Ringbahn ; soudain les contours d'acier de la tour de la radio se détachent sur un ciel nuageux qui laisse passer de temps en temps des traits de lumière. Mahler est pris de vertige à cause de ces rayons lumineux qui ne cessent de jaillir et de disparaître, et il est parcouru d'un frisson lorsqu'il aperçoit la silhouette rougeâtre du bâtiment de la Radio qui, dans cette alternance d'ombre et de lumière, lui apparaît comme une funeste vision d'avenir.

Il n'a guère le temps de se plonger dans ces considérations. Le taxi ralentit et il ne s'est pas encore complètement arrêté que déjà la portière s'ouvre et qu'une main se tend vers lui. Une main maigre, osseuse, légèrement duveteuse.

Karl « Charlie » Schwedler, lance une voix sur un ton solennel, et comme pour le prouver, l'homme montre son front dégarni et son buste vêtu d'une chemise en soie marquée de ses initiales. Voilà bien un endroit de vérité, songe Mahler.

On ne se connaît malheureusement pas encore, dit Schwedler presque en s'excusant et en serrant la main de Mahler. Il ajoute quelques mots que Mahler n'écoute pas, car si l'autre ne sait pas qui il est, lui, Mahler, qui est destiné à être le narrateur omniscient de l'orchestre, sait très bien à qui il a affaire : Schwedler, Karl Emil Heinrich, né le 13 août 1902 à Duisburg, fils d'un plombier. Il a grandi à Cologne avant de déménager à dix-neuf ans à Düsseldorf ; il travaille depuis 1939 pour le ministère des

Affaires étrangères ; il est le parolier et surtout le chanteur de l'orchestre à qui il a donné son nom.

Schwedler, visiblement soucieux de combler au plus vite la distance qui les sépare, insiste pour que Mahler l'appelle « Charlie », *entre artistes*, comme il dit. Il laisse d'ailleurs de côté les mondanités dont les Rhénans n'ont de toute façon jamais été friands et pose son bras sur les épaules de Mahler, et tandis qu'il prononce encore quelques paroles de bienvenue il guide son invité à travers tout un dédale de couloirs qui s'enfonce dans le bâtiment avant de déboucher brusquement à l'air libre. Schwedler se dirige ensuite vers une sorte d'annexe qui ne paie pas de mine et donne sur la Soorstraße.

Dans l'obscurité du hall d'entrée Mahler devine une silhouette qui s'approche de lui, c'est Lutz Templin, autre membre de l'orchestre. Entrez, entrez, fait Lutz en roulant les *r* et en levant les yeux vers le ciel gris. À en juger par sa mine renfrognée, il n'a pas l'air d'apprécier la grisaille. Mais ce n'est qu'une grimace de circonstance destinée à préparer le bon mot qu'il ne tarde pas à lâcher : *Un temps gris amène toujours un invité choisi*. De l'avis de notre écrivain, la boutade n'est peut-être pas à la hauteur de cette petite mise en scène, mais elle fait son effet et Mahler trouve l'accueil fort cordial.

À l'intérieur, l'orchestre est déjà installé. Les musiciens, une douzaine, sont assis sur deux rangées, ils portent tous un smoking et chacun a un imposant pupitre planté en face de lui. Devant sont assis les saxophonistes, derrière les trompettistes et les trombonistes, et à gauche se trouve la contrebasse. Personne encore derrière le micro, mais rien de plus normal puisque Charlie est avec Templin et Mahler à qui il fait remarquer avec un clin d'œil que le micro ressemble à s'y méprendre à une grenade à manche (modèle 39). Il a très envie de pousser plus loin la comparaison et de dire que sa façon de chanter a quelque chose d'*explosif*, mais Mahler se tourne à ce moment vers Templin pour lui demander à quoi servent les gros tapis entassés contre le mur du fond. Serait-ce en prévision d'un bombardement ?

Mais non, ce sont des matelas.

Je vois bien, dit Mahler.

Ils sont juste entreposés là.

Ah bon !

Templin se fend d'une réponse un peu plus satisfaisante : on avait besoin d'une salle pour les répétitions et comme la Maison de la Radio était plus que comble en ce moment, on n'avait rien trouvé d'autre que cet entrepôt.

Cela donne un son très mat, intervient Brocksieper qui, en dépit de sa haute taille, a quitté sa batterie sans se faire remarquer et est venu rejoindre le trio. Il a encore ses baguettes à la main et il s'amuse à tambouriner sur les manches et les épaules de Templin et de Schwedler mais aussi de Mahler qui n'en revient pas. On voit que Brocksieper est impatient de jouer.

Je ne veux pas vous retenir plus longtemps, dit alors Mahler pour se montrer conciliant, et je laisse votre *fanfare* se mettre en place. Au mot *fanfare*, Schwedler, Templin et Brocksieper ne peuvent réprimer un sursaut.

Ne sachant si l'utilisation de ce mot est due à une ignorance crasse ou relève d'un mauvais esprit, Templin prend le parti de se ranger à la première hypothèse et demande à Mahler s'il a quelques notions de jazz.

Aucune, répond l'intéressé.

Cet aveu agit instantanément comme une libération. Le visage de Templin s'illumine d'un coup, et même Schwedler et Brocksieper semblent soulagés.

Alors, écoutez bien !

Ils filent rejoindre leurs places.

Tout le monde est prêt. Lutz Templin fait un signe de tête pour donner le signal, un filet de clarinette esquisse la mélodie, et soudain Mahler a une illumination. Mais oui, mais c'est bien sûr… ça lui revient, on dirait… mais oui évidemment ! C'est Benny Goodman ! L'année des Jeux olympiques, il avait sorti une version swing qui s'appelait *Goody Goody*. On la jouait à l'époque dans tous les bons clubs de Saint-Moritz et de Gstaad. *So you met someone who set you back on your heels, goody goody*. Oui c'est ça, plus aucun doute possible. Et en son for intérieur, Mahler se met à chantonner, *So you met someone and now you know how it feels, goody goody*. Il se remémore l'amoureux qui dit son dépit au fil de la mélodie : *So you gave him your heart too, just as I gave mine to you*, et puis : *And he broke it in little pieces – now, how do you dooooo ?* Mahler se souvient de son premier et unique amour, ou plutôt il se rappelle comment il s'est souvenu de son premier et unique amour il y a cinq ans, lorsqu'il a entendu cette mélodie : *So you lie awake just singing the blues all night, goody goody*. Oui, c'est ce qu'il aurait souhaité à l'époque, que ses douleurs, dans les nuits d'insomnie, trouvent un écho : *So you think that love's a barrel of dynamite, hurray and hallelujah*. Oui, c'est exactement ça, même s'il n'était pas animé par une joie maligne et vengeresse : *You had it coming to ya, goody goody for him, goody goody for me, and I hope you're satisfied, you rascal, youuuuu*. Et les instruments à vent reprennent de plus belle, les trompettes claironnent, la tension est à son comble et c'est alors que Charlie Schwedler demande très justement où est passé ce fameux type qu'elle a rencontré, *who set you back on your heels*. Puis la tension s'apaise, tandis que Schwedler poursuit presque sur le mode parlé. On n'entend plus que le léger accompagnement du piano plaquant ici et là quelques accords qui éclatent comme des bulles de champagne entre les silences du texte. Mais c'est qui ce type ? Winnie Churchill !? *Who never fought in France and doesn't know how it feels* ? Winnie Churchill ! Qui ne fait que proférer des mensonges, *no word he said came true, he is always teasing you*. Il émiette *the Empire into little pieces, what are you going to do* ? Et maintenant la deuxième strophe. Mais qui est ce type allongé là dans le lit, *just dreaming of revenge all night* ? Qui est cet individu ? Encore Winnie Churchill évidemment ! *He would like to put the whole world on a barrel of dynamite, hurray and hallelujah ! Winnie, you had it coming to ya ! You have declared this war and you will be licked like never before !* Ma foi ! *I hope you're satisfied, you rascal youuuu !* Aussitôt les cuivres enchaînent, échange nerveux entre trompettes et saxos, la batterie s'efface et c'est dans ce balancement des cuivres que tout s'achève.

Et maintenant on reprend, lance Templin qui dit avoir perçu une hésitation de la trompette et un glissement à la guitare au milieu du morceau. On se ressaisit, messieurs, ça ne va pas comme ça ! Allez, on recommence tout depuis le début. Un peu de concentration, s'il vous plaît.

Et on reprend une deuxième puis une troisième fois, jusqu'à ce que le *capo*, comme on dit en italien, soit enfin satisfait. On passe ensuite au morceau suivant, *Alone* de Nacio Herb Brown et Arthur Freed, mélodie légère comme une brise, texte mélancolique, seul, tout seul, *with a sky of romance above, alone alone, on a night that was meant for love. There must be someone waiting, who feels the way I do ! Whoever you are, are you, are you alone ?* Mahler, qui a évidemment compris entre-temps de quoi il retourne, est impatient de voir comment Schwedler va s'en tirer, quel lien il va tisser avec la guerre, à quels événements il va faire allusion cette fois, si Churchill va de nouveau être dézingué. *This song was sung during German air-raids over Greece*, annonce maintenant Schwedler, et Mahler imagine qu'il va se retrouver dans la tête des Britanniques, des Grecs et des Néo-Zélandais. Mais il ne voit d'abord qu'un lumineux paysage de carte postale (falaises majestueuses, maisons blanchies à la chaux, bleu étincelant de la mer Égée). Et soudain arrive l'escadrille des Stukas en piqué dans un effroyable hurlement de sirènes, et il croit entendre, voir, sentir ce que les troupes dispersées le long du canal de Corinthe, à Kalamata et en Crète ont senti, vu et entendu, et il se dit : *Alone, alone, with the sky black with planes in flight, alone alone for the sake of the Jews we fight ! Why listen to old Churchill* (Ah ! le revoilà !) *who never hold a gun. He'd rather sit back, or run, or run ! Alone, alone, we are left but he does not care, alone alone with our heads caught within his snare. We should have known much better, so now we cannot moan, alone, alone, with a sky black with planes, aloooone !*

Ce morceau est lui aussi repris plusieurs fois jusqu'à ce que chaque mesure, chaque note soit bien en place, et comme Mahler n'a plus à se soucier du texte qui s'est déjà gravé dans sa mémoire, il laisse son regard vagabonder. Il examine longuement cet orchestre, géant aux multiples visages, qui fume et halète, bouge et ondule en rythme. Et tandis que Mahler se sent à nouveau envahi par cette mélodie qui, telle une fraîche brise marine, s'infiltre dans la pièce, tandis qu'il écoute les sanglots tristes des saxophones, le ronronnement nostalgique de la contrebasse et les sonorités allègres du piano, il saisit dans un regard ici et là cette lueur vaporeuse de l'absence, que seules peuvent apporter la musique ou la mort. Mahler est pris d'un étrange sentiment, il a l'impression d'être emporté par la musique et ses pensées, il tombe dans un état de flottement mental, et, comme dans un éclair, lui apparaît l'image vacillante de son père qui, sans un mot, pointe vers lui un doigt menaçant.

Ces visions ne prennent fin que lorsque Lutz Templin frappe dans ses mains pour annoncer une pause, et lentement, en clignant des yeux, Mahler revient à la réalité.

Alors ? lui demande Templin.

J'aime bien, dit Mahler avant de se racler la gorge.

Bien ?

Oui, c'est bien.

Mais quoi ?

Eh bien, il s'était imaginé les choses un peu différemment.

Différemment ?

Il s'attendait à un jazz plus vif, plus agressif. Il voyait un caveau enfumé sentant la bière, un orchestre débridé, endiablé, un combo où chacun intervient à tour de rôle, joue quand il a envie de jouer. Il se figurait même les musiciens en train de se passer une bouteille d'alcool en attendant la fin d'un solo.

Très intéressant, dit Brocksieper, qui une fois de plus vient d'arriver à pas de velours. Il dit que tout le monde voulait savoir à quoi ressemblait un écrivain – et tout le monde avait été du même avis.

Et de quel avis ? questionne Mahler.

Les gens qui n'avaient pas eu le plaisir de le rencontrer le soir de son arrivée – il ne faisait ici que rendre compte de l'avis général qui recoupait partiellement le sien – se demandaient si un écrivain pouvait travailler si tôt le matin et complètement à jeun. À dire vrai, tous s'imaginaient qu'un écrivain était une sorte de dandy avec une moustache gominée et un regard ennuyé ou bien un Socrate à moitié nu avec une grosse barbe et des dents gâtées. Alors que…

Alors que quoi ?

Alors que Mahler se fondait plutôt dans le paysage et avait l'air très rangé.

Rangé, grommelle Mahler.

Professionnel, corrige aussitôt Brocksieper.

Ah bon, dit Mahler en plissant les yeux.

Quand on est plus de douze, il faut un peu d'ordre, assure Templin sur un ton conciliant. Ce sont des répétitions et chacun a encore besoin de sa partition. Et puis, pointant la scène du doigt, il faut bien des chaises, on ne peut pas rester debout pendant trois heures d'affilée.

À propos de chaises, dit Mahler en essayant de détourner la conversation, lui serait-il possible de s'asseoir une fois derrière les musiciens et de prendre… quelques notes, sans vouloir faire un jeu de mots, ajoute-t-il.

Je vous en prie, je vous en prie, dit Templin en esquissant un geste que Mahler ne voit même pas, car il s'est déjà dirigé vers la scène.

Il se faufile au milieu des musiciens assis en petits groupes et sort son crayon pour noter des bouts de phrases qui lui semblent intéressants, mais dès que les autres s'en aperçoivent ils arrêtent de parler.

Ne vous dérangez pas pour moi, faites comme si je n'étais pas là. Il se heurte toutefois à un mur de silence. Continuez à parler tranquillement, leur dit-il. Mais il ne récolte que des *On n'avait de toute façon plus rien à se dire* et des *Non, ce n'était pas très important.*

Déçu, il retourne à sa place et demande à Templin sur un ton faussement détaché s'il pourrait interviewer deux ou trois musiciens après la répétition

Après la répétition, c'est le déjeuner, répond Templin.

Et après le déjeuner ?

Après le déjeuner, il y a la prochaine répétition.

Mahler ajoute, étonné, qu'il pensait que l'orchestre ne répétait que de neuf heures à douze heures.

Sous ce nom, oui.

Et ensuite, il répète sous un autre nom ?

Exactement.

Je ne comprends pas.

Aucune importance, dit Templin, je vous expliquerai la prochaine fois.

Berlin, 1941

Mahler ne tarde pas à remarquer qu'on fait preuve d'une certaine réserve à son égard. Certes, il est toujours très bien accueilli, mais c'est justement ce qui éveille en lui des soupçons. Dans tous ces bonjours euphoriques, dans tous les propos alertes et les remarques effrontées qu'on lui adresse, il y a quelque chose d'un peu exagéré, comme si tout cela avait été répété à l'avance. Il a l'impression de ne pas avoir affaire aux vrais musiciens de l'orchestre de jazz de Goebbels. Il a l'impression qu'ils jouent un rôle, et chaque fois qu'il essaie de soulever un peu le rideau, on l'évite. Il ne récolte que des réponses nerveuses qui renvoient à plus tard. Jamais encore il n'a pu avoir de vraies conversations.

Impossible de travailler dans ces conditions, songe Mahler, qui se demande s'il doit en parler à Froehlich, à Dietze ou même à Winkelnkemper. Mais quelque chose lui dit que ce n'est pas le bon moyen. Il faut qu'il arrive à gagner la confiance des musiciens.

Comme nous le savons, on se pose le même genre de questions de l'autre côté, on élabore un plan et on désigne Primo Angeli pour le mettre en œuvre en faisant valoir des arguments plus ou moins abracadabrants dont le plus pertinent est encore de lui dire qu'ils sont tous les deux des méridionaux. En réalité, on est simplement d'avis que c'est Angeli qui a le moins à perdre dans cette affaire puisque son départ serait une catastrophe pour l'orchestre et le ministère.

Primo Angeli. *Primo*, ça veut dire *premier* en italien et ça ne fait de doute pour personne que c'est lui qui a effectivement le rôle le plus important. Teddy Kleindin a beau être le meilleur clarinettiste, Mario Balbo le meilleur trompettiste *de l'orchestre*, quand on demande à n'importe qui quel est le musicien le plus doué de l'ensemble, la réponse ne fait pas un pli : Primo Angeli. Il est capable de tirer des mélodies littéralement angéliques de son piano (même si ça n'apparaît pas toujours dans les morceaux de jazz où son rôle est pourtant primordial) et c'est encore plus vrai pour l'orgue dont il a aussi une maîtrise parfaite.

Mahler éprouve à l'égard du Milanais une sympathie qu'il ne peut expliquer. Il n'est donc pas trop étonné qu'Angeli soit le premier à se déclarer prêt à répondre à ses questions. Et lorsque ce dernier propose à Mahler de se retrouver dans un bar (un club ?), notre Suisse note le côté assez évasif du lieu de rendez-vous. Et quand il demande à Angeli des précisions au téléphone, ce dernier devient encore plus évasif. Mahler comprend alors de quel genre d'établissement il s'agit.

En a-t-il vraiment envie ? Et comment qu'il en a envie ! Mahler a répondu si rapidement qu'Angeli, à l'autre bout du fil, devient méfiant. Après avoir raccroché, notre Italien commence à se poser des questions, tout comme s'en pose aussi au même moment notre Suisse qui se demande s'il a bien fait d'accepter cette invitation.

Mais cela n'a plus d'importance. Une fois les engagements pris, ils doivent être respectés. C'est la règle du *comme-il-faut**, et tous deux la respectent. Et c'est ainsi que, quelques jours plus tard, Mahler franchit la porte du Kaiserhof devant lequel, comme convenu, Angeli l'attend à l'arrière d'un taxi dont les phares sont à moitié occultés à cause du couvre-feu et qui ressemble à une bête aux aguets. Mahler s'assied à l'arrière à côté d'Angeli. Chacun se dit bonjour, mais le taxi ne démarre pas. Angeli s'apprête à demander au chauffeur ce qu'il attend lorsque celui-ci, dans le gémissement du cuir engendré par la torsion de son buste sur le siège, se retourne et lance d'une voix aiguë en fixant Mahler : Salut ! On se connaît, non ? Le rougeoiement de sa cigarette dessine des ombres sur son visage.

Effectivement, repartit Mahler, qui ne se souvient évidemment plus du nom de Krenek.

Vous êtes ?

Tschitschikoff, répond l'autre sans sourciller.

Angeli avale sa salive. Lui qui croyait avoir appelé un taxi au hasard se retrouve dans la situation inconfortable où le chauffeur semble bien connaître Mahler. Mais le Suisse n'a pas l'air d'apprécier non plus cette coïncidence étonnante qui lui fait redouter une entourloupe. Il se sent d'autant plus mal à l'aise qu'il fait tout ça à l'insu de ses commanditaires.

Ce n'est que lorsqu'il franchit avec Angeli la porte d'un obscur établissement que son malaise diffus part en fumée – ce qui correspond bien à l'atmosphère étouffante et humide de ce tripot où vient se mêler l'odeur âcre des cigares. Mais ce n'est pas la seule raison qui donne à Mahler l'impression de plonger soudain dans une ambiance des Caraïbes. Le rythme heurté des danseurs en sueur virevoltant sur le parquet crasseux, le scintillement et l'éclat des cuivres effectuant une danse irréelle dans la pénombre qui masque presque complètement les musiciens, tout cela vient se vriller dans ses yeux comme les rayons d'un soleil subtropical.

Mahler se sent oppressé, cerné, accaparé par toutes ces impressions qui l'assaillent dans un même élan : les sonorités plaintives et langoureuses des saxophones ; l'arrivée à pas de velours d'un trombone auquel un musicien aux yeux écarquillés arrache quelques notes comme autant de petits poissons fuyants qu'il s'agirait d'attraper à mains nues ; la délicate voix féminine qui étire un glissando d'une beauté douloureuse ; l'homme au comptoir qui, coiffé d'un chapeau melon noir, joue les indifférents tout en mixant des cocktails sophistiqués avec une dextérité de virtuose et semble tirer chaque fois la rondelle de citron de derrière son oreille. Et au milieu de tout ce tohu-bohu, on retrouve la moitié de *l'appareil d'État*. Bon, la moitié, c'est peut-être exagéré, se dit Mahler tout en suivant Angeli jusqu'au bar, mais il reconnaît quand même un fonctionnaire du ministère de la Propagande, et un autre un peu plus loin, et encore un autre là-bas. Et celui qui porte un uniforme couleur spéculoos, n'est-ce pas le type qu'il a vu dernièrement se pavaner dans la salle à manger de l'hôtel Kaiserhof ? Si, si, c'est bien lui ! Finalement ce bar n'est pas aussi sinistre qu'il se l'imaginait et il se sent soudain rasséréné. Il prend sans façon le martini que lui tend Angeli, le descend d'un seul trait et en commande aussitôt un autre.

Est-ce la légère amertume de l'alcool qui fait ici son effet ou bien le faisceau d'impressions qui s'abat sur Mahler ? Quoi qu'il en soit, ce n'est pas seulement son souvenir qui chavire à ce moment, mais aussi la temporalité de notre récit – et il nous est difficile de donner une explication précise à ce sujet. Et ce qui est certain, c'est que, comme dans le cas d'un projecteur de diapositives où s'est glissée une image qui n'a rien à voir avec les autres ou d'un film qui s'est cassé et a été rafistolé avec les morceaux d'une autre bobine, des événements, des scènes, des dialogues se sont glissés dans le récit, alors qu'ils n'y avaient pas leur place – forme de trompe-l'œil anachronique, de chausse-trape actancielle, de mise en abyme diégétique.

C'est fâcheux, on ne peut pourtant pas l'empêcher, et avant que le sceptre narratif ne nous échappe complètement des mains, revenons à nos personnages. Le récit ayant repris son cours, nous retrouvons Angeli et Mahler au bord de la scène, en pleine conversation. Le sujet n'est sans doute pas très important, mais Mahler est d'excellente humeur, et quand soudain Brocksieper apparaît, il ne retient plus son enthousiasme. Il porte un toast en l'honneur du nouvel arrivé – avec un verre vide, soit dit en passant – et décide de se montrer aussi compréhensif que coopératif. Il dit comprendre que *leur situation générale n'est pas très agréable* et que l'on puisse faire preuve d'une certaine *réserve* à son égard. Il faut toutefois jouer franc-jeu, *cartes sur table* en quelque sorte (il fait un clin d'œil à Brocksieper). Il n'y a en effet absolument aucune raison qu'on lui mette des bâtons dans les roues. Il soutient les musiciens, il est de leur côté, une main lave l'autre, personne ne peut se gratter le dos tout seul, et ainsi de suite.

Mahler continue à discourir ainsi pendant un certain temps, et comme il s'engage résolument dans le kitsch de la fraternisation, nous renonçons – pour son bien aussi – à une retranscription exacte de ses paroles. Nous nous limiterons à l'essentiel. Enfin une conversation s'engage, enfin les personnages de Mahler commencent à parler, et il en profite pour leur poser la question qui le taraude depuis longtemps : Mais pourquoi donc faites-vous tout ça ?

Ah, très bonne question, dit Brocksieper qui ne se fait pas prier pour répondre. Pour sa part, comme Mahler doit le savoir, il est né à Constantinople. Enfant, il a assisté avec ses parents aux défilés militaires et il s'est abreuvé du rythme des tambours comme du lait maternel.

Intéressant, se dit Mahler, sauf que…

Ou Teddy Kleindin ! Il faut absolument que Mahler écrive ça, dit Brocksieper en le fixant jusqu'à ce qu'il sorte un crayon de sa poche. La famille Kleindin a toujours été une famille de musiciens, la mère était violoncelliste à Carlsbad et Teddy a commencé le violoncelle, mais il s'est cassé le poignet, et comme il n'avait plus assez de force pour jouer d'un instrument à cordes, il a opté pour la clarinette.

C'est très éclairant, mais..., reprend Mahler qui ne peut aligner un mot de plus, car déjà Brocksieper enchaîne :

Ou prenez Dobschinski !

Dobschinski ?

Oui, celui de l'orchestre de danse et de variété. En fait, il a commencé par le piano, mais lorsqu'il a compris qu'il voyait mieux *les filles assises dans le public* en étant installé dans les premiers rangs de l'orchestre, il s'est mis au trombone.

Brocksieper adresse un clin d'œil à Mahler accompagné d'un petit sourire, pourtant celui-ci ne se laisse pas entraîner dans cette voie. Il se racle la gorge plusieurs fois et insiste : Tout ça est bel et bon, dit-il, mais savoir pourquoi un tel et un tel a commencé par tel et tel instrument n'est pas ce qui l'intéresse.

Ah bon, dit Brocksieper.

Non. Ce qui l'intéresse, c'est de savoir pourquoi ils jouent justement dans *cet* orchestre.

Pourquoi pas ? répond Brocksieper du tac au tac.

Mahler s'éclaircit à nouveau la gorge. Angeli, apparemment inquiet que la gorge du Suisse puisse s'assécher, lui tend une pils tout en lui donnant une petite tape sur l'épaule.

S'il (lui, Mahler) a bien compris, le jazz ne serait pas en odeur de sainteté au ministère de la Propagande.

Brocksieper lui donne raison sur le principe.

Sur le principe.

Mais eux (il se désigne et désigne Angeli), on les laisse jouer. Plus même : on les paye pour ça, et pas qu'un peu.

Mais ça ne change rien au principe, fait remarquer Mahler.

C'est vrai.

Mahler esquisse un sourire satisfait et enchaîne aussitôt : Alors, pourquoi ?

Vous aimeriez vraiment le savoir, là maintenant ?

Oui, dit Mahler avec empressement en opinant du chef.

On devrait remettre ça à une autre fois, dit Brocksieper en jetant un coup d'œil à sa montre.

Je préférerais maintenant, rétorque Mahler.

Impossible, dit Brocksieper, alléguant un rendez-vous qui l'oblige à partir tout de suite.

Mahler lève les yeux au ciel. Et Angeli ?

Lui aussi, malheureusement, dit Brocksieper en s'excusant et en saisissant par le bras son collègue qui ne sait pas ce qui lui arrive.

Je pourrais peut-être venir avec vous... Ce serait intéressant.

Malheureusement non, répond Brocksieper pour couper court. Et après un bref salut à Mahler, il s'éloigne en entraînant Angeli.

Mahler se sent floué et bousculé, cette situation le met en rogne, mais il est d'autant plus facile d'observer ainsi l'effet d'une bonne musique sur un esprit rembruni. À pas lents et traînants, Mahler se dirige vers le comptoir et, dégoûté, commande un nouveau martini. N'ayant rien d'autre à faire que de siroter son verre, il prête davantage l'oreille à la musique, ce swing qui lui parvient de la scène, et il ne tarde pas à se retrouver totalement sous son emprise. Certes il y a les sonorités capricieuses de la clarinette qui lui rappellent les interventions de Froehlich à la radio, l'accompagnement délicat de la guitare qui retient toute son attention, mais il est surtout captivé par la voix de la chanteuse. Fragile comme du cristal, elle se glisse jusqu'au plus profond de son âme – et l'espace d'un instant il a l'impression que c'est l'alcool doux-amer qui chante dans son verre.

Mahler ne se sent plus – il n'y a pas d'autre mot. Il commande un autre martini et pendant qu'il attend son verre, ses facultés synesthésiques tissent une image complète de cette chanteuse dont les sourcils effilés et les cheveux délicatement bouclés reflètent toute la finesse de sa voix ; en revanche, il croit percevoir dans ses yeux sombres et ses lèvres pulpeuses les obscures contrées du monde vers lesquelles sa voix est attirée par les sonorités du saxophone et de la clarinette. Mahler ressent le besoin profond de partager ses impressions en même temps que le désir d'en savoir plus sur l'objet de son enthousiasme. Lorsqu'il cherche dans la pénombre quelqu'un à qui il pourrait s'adresser, il aperçoit un homme dans la force de l'âge portant des Baudapester impeccablement cirées, un pantalon large et une veste à la coupe audacieuse. Quand il remarque le regard de Mahler, l'homme semble s'éveiller comme au sortir d'un profond enchantement. Il se frotte les yeux et fixe notre Suisse. Ne trouvez-vous pas merveilleuse la façon dont cette dame a chanté ? s'enquiert sans façon Mahler, dont l'appréciation est immédiatement confirmée par un vigoureux hochement de tête de l'homme en face de lui. Encouragé par tant d'enthousiasme, Mahler demande qui est cette chanteuse et, à son grand étonnement, la réponse est plus que circonstanciée : Friedländer, Margot Erika Hertha, née le 12 mars 1917 à Berlin, père *juif à part entière*, mère allemande (*sans conteste : une demi-juive*). Dès l'école primaire, elle révèle des talents de chanteuse, participe très tôt à des chœurs et des opéras, mais sa véritable vocation est *de toute évidence* le swing.

Mahler acquiesce, ce à quoi l'homme répond avec un regret évident : en février 1940, Margot Friedländer a malheureusement été exclue de la Reichsmusikkammer, *mesure qu'il avait été impossible d'enrayer, même avec la meilleure volonté du monde.*

Mahler, sensible à la contrariété manifestée par son interlocuteur, serre les lèvres.

Mais on travaille à une *solution*, ajoute l'autre sur un ton apaisant qu'il confirme d'un sourire éloquent. Mahler se demande comment cet homme peut savoir autant de choses sur cette personne lorsque l'autre lui tend la main et dit non sans fierté : Je me présente, Graf von Helldorf, député au Reichstag, chef de la police de Berlin, Obergruppenführer de la SS.

Berlin, 1941

L'impossibilité où Mahler s'est trouvé de parler avec des musiciens au cours de la soirée dans ce club de jazz interlope n'est pas aussi funeste qu'il l'a cru au début, car d'autres occasions ne vont pas tarder à se présenter. Mais pour l'heure il s'agit de faire montre d'un peu de patience, ce qui ne lui coûte pas, tant il ne voit pas le temps passer. Il est en effet complètement obnubilé par cette chanteuse dont la voix, dans son souvenir, devient chaque jour plus belle. Friedländer, un nom qui signifie pays de la paix, un nom charmant et plein de promesses, ne cesse-t-il de se répéter, et pourtant si inapproprié dans ce pays en guerre depuis maintenant trois ans.

Mahler occupe une grande partie de ses journées à faire des recherches sur cette chanteuse. Il essaie d'obtenir des dossiers, des renseignements, des informations, mais ce n'est pas si facile. Margot Friedländer chante certes de temps en temps pour *Charlie and his Orchestra*, mais elle ne fait pas véritablement partie de la troupe ; elle appartient au groupe des artistes qui complètent l'orchestre *en cas de besoin* et dont on est beaucoup moins enclin à lui donner les dossiers. Mahler n'a donc pas d'autre choix que d'écouter ses contacts, et c'est ainsi qu'il vit pendant quelques semaines de rumeurs et de ouï-dire. Il n'obtient pas grand-chose, même si un jour il apprend que Friedländer a été réintégrée dans la Reichsmusikkammer et qu'on l'a envoyée sur le front de l'Est pour divertir les troupes.

C'est un peu décevant, mais au moins Mahler a-t-il pu, grâce à ses fréquentes sorties dans le quartier bohème de Berlin, se rapprocher des membres de l'orchestre. Il a l'impression que leur méfiance s'est quelque peu atténuée et qu'une once de confiance se manifeste parfois, même s'il est impossible de parler déjà d'amitié.

La première conversation a lieu avec Brocksieper, sans que Mahler ait eu besoin de quémander. Après avoir fait un tour au Kolibri, il se retrouve pour un dernier verre au Rosita Bar sur la Bayerischer Platz où un jeune homme survolté gratte sa guitare. Et qui aperçoit-il au bar ? Brocksieper, assis devant une bière, l'air fatigué mais satisfait. Dès qu'il aperçoit notre Suisse, l'autre lui fait signe.

Mahler est très heureux, doublement heureux même. Brocksieper est un homme important, il joue de la batterie, c'est lui qui donne le rythme, c'est sur lui que tout repose. Dès le début, Templin a misé sur ce musicien et il n'est jamais revenu sur son choix. Brocksieper sait qu'une grande responsabilité pèse sur ses épaules, c'est peut-être pour ça qu'il est légèrement courbé, penché en avant sur son tabouret.

Les deux hommes échangent quelques politesses avant de se lancer dans une conversation à bâtons rompus. Mahler sent que le moment est venu de parler à nouveau à Brocksieper de son travail pour le ministère de la Propagande. Mahler lui commande une autre bière et lui demande sans détour en quoi consiste sa mission. Brocksieper devient soudain sérieux.

Le travail pour le ministère est aussi une *question existentielle*, dit-il d'un ton pénétrant.

L'existence en tant qu'artiste ?

Non, l'existence en soi.

Vous auriez aussi pu trouver un emploi ailleurs, dit Mahler.

Je ne parle pas d'argent, rétorque Brocksieper.

Mahler réfléchit un moment, mais n'ajoute rien.

De la fosse d'orchestre à la tranchée, il n'y a pas loin.

Ah bon, marmonne Mahler dont l'expression du visage indique une intense réflexion.

Mais aucun de vous ne va être appelé sous les drapeaux !

Oh que si !

Mais… ?

Tant qu'on travaille pour le ministère de la Propagande, on est considérés comme participant à l'effort de guerre et on est donc – jusqu'à nouvel ordre – exemptés.

Mahler demande s'il connaît quelqu'un qui a déjà reçu un ordre de mobilisation de la part de la Wehrmacht ?

Bien sûr.

Qui donc ?

Il est assis devant lui en personne.

Mahler écarquille les yeux.

Lui en tant que…

Juif, oui.

Non.

Si. Pas assez juif pour être exempté, mais trop juif pour être allemand.

Mahler cherche une réponse. N'en trouvant pas, il avale une bonne gorgée de bière avant de poursuivre.

Cela veut dire que s'il arrête de travailler dans l'orchestre de Charlie…

… il sera envoyé sur le front, complète Brocksieper.

Il y a de quoi se sentir inquiet, se dit Mahler. Pour lui, rien n'est en jeu, c'est du moins ce qu'il croit, jusqu'à ce que Brocksieper lui demande ce qui se passera s'il ne livre pas son roman.

Il le livrera, répond Mahler, piqué au vif.

Et si ce n'est pas le cas.

Eh bien… il ne se passera rien en fait.

Vraiment ? Alors, tout est bien.

Oui, dit Mahler qui finit sa bière d'un trait et demande l'addition.

Berlin, 1941

Nous avons déjà beaucoup avancé dans le récit en nous concentrant sur Charlie et consorts et nous avons fait fi de la simultanéité de plusieurs actions, négligeant du même coup Wilhelm Froehlich et Margaret, les célèbres *Lord* et *Lady Haw-Haw*, il s'agit maintenant de rattraper le temps perdu.

Nous allons donc reculer les pendules et remonter les mécanismes pour que ce fil narratif puisse être déroulé comme il le mérite et dans l'ordre chronologique, car Froehlich n'est pas resté inactif entre-temps. Bien sûr ! a-t-on envie de dire, la campagne d'Afrique puis l'aggravation de la crise yougoslave ont certainement donné lieu à nombre de commentaires, d'autant plus que les Britanniques sont largement partie prenante dans ces conflits et Froehlich est accaparé par les nouvelles qui arrivent presque heure par heure. La nuit, il ne quitte pratiquement pas son bureau, il néglige beaucoup trop de choses, sa santé, sa vie privée. Et pourtant, cette surcharge de travail ne peut pas être imputée uniquement à l'excès de nouvelles, qui oblige l'animateur à rogner, à raccourcir, car la propagande est l'arme de guerre qui jamais ne connaît de répit, et même les semaines où il ne se passe pas grand-chose sur le front ou dans les coulisses de la politique il n'est pas possible de prendre un peu de repos, car il faut alors faire des émissions à partir de rien ou en tout cas de pas grand-chose. C'est certes déprimant mais cela a néanmoins permis à Froehlich de développer une certaine empathie pour l'écrivain suisse qui est confronté aux mêmes problèmes.

Il ne s'agit pourtant pas de faire état de la routine de Froehlich, il s'agit plutôt ici de noms, même s'il n'est pas question des vrais noms civils qui, dans le cadre de l'émission *Germany Calling*, sont de toute façon soumis au secret professionnel. Personne, aucun des animateurs, n'utilise son vrai nom, chacun s'invente des patronymes fantaisistes et cryptés, des mots de passe secrets, des noms d'emprunt, et *Wilhelm Froehlich* ne fait pas exception à la règle. C'était son nom de code et c'est ainsi qu'il s'appelait au début, mais ensuite, autant du côté britannique

que du côté allemand, on lui a imposé le nom de *Lord Haw-Haw*, et il s'agit maintenant de se conformer à ce personnage que l'on imagine en Grande-Bretagne sous les traits d'un individu ombrageux avec un monocle vissé sur l'œil, et c'est justement ce qui l'offusque. Si c'était un nom d'artiste, un pseudonyme librement choisi comme Mahler (qui, en vrai, ne s'appelle pas du tout comme ça), Froehlich pourrait s'en accommoder. Mais un nom qui lui a été attribué par d'autres, qui n'était même pas fait à son intention au départ, voilà une chose qui lui déplaît fortement, et si l'on y regarde de près, il en va de même pour tout ce secret entretenu autour de l'émission. Il peut comprendre qu'il doive en être ainsi pour des émissions clandestines auxquelles d'ailleurs il participe entre-temps, afin de donner l'impression au public anglais qu'elles sont le fait de l'opposition anglaise ou écossaise ou irlandaise. Mais dans le cas de *Germany Calling*, qui est une émission de propagande officielle dirigée contre l'Angleterre, il faut bien que quelqu'un assume. Pourquoi diable personne n'a-t-il le droit de savoir qui il est ?

Berlin, 1941

« La larve du *Rhinoestrus purpureus* communément appelé "mouche du cheval" colonise les cavités nasales, le nasopharynx et de manière erratique les autres cavités de la tête des chevaux. » Voilà ce que Mahler peut lire sur une page jaunie qu'il retrouve sur son bureau. Il ignore comment ce papier est arrivé là (c'est un de ces feuillets destinés au pilon qui porte, imprimé au verso :

Loi du 7 décembre 1933 sur la mouche du varron. Il a été utilisé comme séparateur de dossiers dans les documents envoyés à Mahler par le ministère de la Propagande), et c'est justement pour ça qu'il trouve que cette soudaine apparition a un sens. Il a en effet l'impression que sa tête est infestée de larves, de toutes sortes d'idées qui vivent leur vie répugnante à l'intérieur de lui-même. Mahler ne cesse de secouer la tête, mais comme cela ne sert à rien, il se met finalement à coucher ses idées par écrit. Entreprise largement inutile dont les résultats finissent en grande partie dans la corbeille à papier. Pourtant à force d'écrire, il parvient à établir, peu avant le dîner, deux listes qui lui paraissent utiles et qu'il punaise au mur, à gauche de son bureau.

Liste I

14 septembre 1939 Le *Daily Express* utilise pour la première fois le nom imagé de *Haw-Haw* : « *He speaks English of the haw-haw, damn-it-get-out-of-my-way-variety, and his strong suit is gentlemanly indignation.* »

18 septembre 1939 *Haw-Haw* trouve ses lettres de noblesse : dans le *Daily Express*, le présentateur de *Germany Calling* est appelé pour la première fois *Lord Haw-Haw.*

4 octobre 1939 Le *Daily Telegraph* soupçonne que derrière ce *Lord Haw-Haw* se cache un certain Norman Baillie-Stewart condamné en 1932 en Angleterre pour espionnage et réfugié à Vienne en 1937.

6 octobre 1939 Le *Daily Telegraph* soupçonne que derrière ce *Lord Haw-Haw* se cache un « ancien fonctionnaire d'un parti politique anglais, qui aurait quitté le pays pour partir en Allemagne juste avant la déclaration de guerre ».

19 octobre 1939 L'hebdomadaire *News Review* est catégorique : derrière *Lord Haw-Haw* « ne se cache pas un Anglais mais un propagandiste du nom de Hoffmann, qui, il y a trois ans, a épousé une femme originaire de Manchester. Ce fils d'un richissime importateur de thé a travaillé quelques années aux États-Unis et il se trouve maintenant à Munich ».

Novembre 1939 La société Smith's Electric Clocks fait de la publicité avec le slogan : *Don't risk missing Haw-Haw – Get a clock that shows the right time always, unquestionably.*

18 novembre 1939 Arthur Askey présente le sketch *Baron Hee-Haw* dans l'émission *Band Wagon* de la BBC.

Décembre 1939 La société Philips produit des spots publicitaires pour la presse britannique dans lesquels sont publiées les heures de diffusion des émissions de la radio allemande de Hambourg et de Zeesen au sud de Berlin.

Fin 1939 L'émission du soir *Lord Haw-Haw* obtient plus de 50 % d'audience en Grande-Bretagne.

7 janvier 1940 Dans le *Sunday Dispatch*, Rosita Forbes identifie « de façon très claire » *Lord Haw-Haw* comme étant Rolf Hoffmann. Le même jour, les *Empire News* annoncent que Norman Baillie-Stewart vit à Bruxelles et ne fait pas partie, comme *Lord Haw-Haw*, des « speakers nazis ».

8 janvier 1940 Le *News Chronicle* identifie *Lord Haw-Haw* comme étant Eduard Dietze. Le même jour, les *Evening News* évoquent comme possibilité le joueur de tennis Roderich Menzel (finaliste en simple du tournoi de Roland-Garros en 1938, battu par Don Budge 6-3, 6-2, 6-4).

11 janvier 1940 La *News Review* publie une photo de *Lord Haw-Haw* : elle représente Rolf Hoffmann.

7 mars 1940 La *News Review* introduit le nom de William Joyce dans le débat. Dans une lettre des lecteurs, une certaine Mrs Kelly de Galway assure qu'elle a entendu, dès avant 1922, la voix du présentateur des actualités entre 21 h 15 et 23 h 15.

Depuis, l'Angleterre se perd en conjectures. À la BBC on est sûr d'une chose : *Lord Haw-Haw* n'est ni Dietze ni Baillie Stewart, ni Joyce, mais un Allemand. On évoque aussi le nom d'Eric Dorn, fils d'un rabbin sud-africain.

Liste II

Fin 1937 Wolf Mittler est embauché par la RRG (Reichsradiogesellschaft) comme reporter pour la section anglophone.

Août 1939 Norman Baillie-Stewart (traits fins, sourcils bien dessinés et petite moustache) est engagé comme speaker dans le programme allemand à destination de l'Angleterre.

11 septembre 1939 Entretien d'embauche avec William Joyce à la Maison de la Radio ; Joyce, qui est très enrhumé, est jugé inapte. Opposition d'un technicien du son ; Joyce lit les informations à titre d'essai.

18 septembre 1939 William Joyce est pris sous contrat comme speaker pour les programmes allemands à destination de l'étranger.

Noël 1939 Norman Baillie-Stewart en dit trop sur le sort du cuirassé *Admiral Graf Spee* ; on le remplace par un jeune Britannique du nom de James Clark, âgé de seize ans. Il devient rapidement le numéro 2 de *Germany Calling*.

4 janvier 1940 En Angleterre, on est très irrité par les émissions de *Lord Haw-Haw*. Cela provoque évidemment l'enthousiasme jusque dans les plus hautes sphères du ministère de la Propagande ; Joseph Goebbels est ravi.

9 janvier 1940 Le Führer lui aussi est ravi. Il se félicite des succès de la propagande radiophonique ; il s'intéresse tout particulièrement à *Lord Haw-Haw*.

13 mars 1940 *Lord Haw-Haw* s'occupe depuis quelque temps de trois émissions hebdomadaires à destination des États-Unis, qui font aussi un tabac. Joseph Goebbels est ravi : « Cet homme est une perle ! »

14 mars 1940 Le Führer est lui aussi ravi.

26 avril 1940 Joseph Goebbels est à nouveau ravi : *Lord Haw-Haw* est pour ainsi dire devenu une célébrité internationale.

3 août 1940 Dans l'introduction de *Germany Calling*, le speaker est désormais officiellement présenté comme *Lord Haw-Haw*.

11 septembre 1940 Joseph Goebbels lit quelques « *talks* de *Lord Haw-Haw*, qui décrivent bien la situation tout en s'adaptant à la mentalité des Anglais ». Résultat : fabuleux !

28 mars 1941 Hermann Göring admire le travail de *Lord Haw-Haw*. Goebbels, quant à lui, n'en est pas surpris : c'est le crack de son écurie.

Danzig, 1941

Nous sommes tous un peu fatigués de Berlin et rien de plus normal à ce que le narrateur fasse usage de son droit d'ubiquité et suive Margaret au bord de la Baltique

– parfois collé à ses basques, parfois planant au-dessus d'elle tel un aéroplane avançant dans un petit bruit de teuf-teuf.

Une fois de plus, comme souvent ces derniers temps, elle a eu des problèmes avec son mari et elle a décidé de partir quelques semaines pour se ressourcer. C'étaient des disputes à n'en plus finir, des querelles incessantes, des petites crises de jalousie et beaucoup d'autres choses encore, mais rien de vraiment grave. Or cette fois-ci, c'est sérieux, sinon elle n'aurait pas fait ce voyage jusqu'en Poméranie pour aller retrouver une connaissance dans une ferme isolée en pleine campagne.

Mais arrêtons-nous un instant sur la vraie cause de ce voyage. Elle est très simple : Froehlich a découvert le pot aux roses. Ou plutôt non : Margaret lui a tout simplement avoué où elle passait ses soirées depuis des mois. Au début Froehlich n'a pas voulu la croire et pendant des nuits entières ce fut une suite de discussions à n'en plus finir. Comment as-tu pu me faire ça après tout ce que nous avons traversé ensemble ? Tu es sérieuse ? C'est vraiment vrai ? Qu'est-ce qu'il a de mieux que moi ?

Si les réponses de Margaret avaient été hésitantes, celles de William avaient été claires et nettes et il ne voulait plus la voir dans la Kastanienallee. Margaret avait rétorqué qu'elle n'avait pas l'intention de rester. Là-dessus il avait dit qu'il ne voulait pas qu'elle parte. Elle avait accepté de rester. Là-dessus il avait répondu qu'il n'en était pas question. Et c'était reparti pour un tour.

Finalement, elle était allée passer quelques jours chez une amie qui habitait dans la Bülowstraße. Cette dernière lui avait alors proposé de prendre quelques semaines de vacances chez une belle-sœur à elle dans les environs de Danzig.

Les journées sont longues et apaisantes en Poméranie. On se promène dans la brume de la lande avant de se retrouver bien au chaud dans le salon où, une tasse de thé bien chaude entre les mains, on se laisse aller à des conversations agréablement futiles. Les champs immenses qui s'étendent à l'infini sous le ciel plombé évoquent à Margaret le sud de l'Angleterre, et si elle y réfléchit bien, les façades de brique de Danzig ne sont pas sans lui rappeler non plus son pays natal. Le soir venu, elle sent couler dans ses veines une agréable douleur qui irrigue tous ses membres – mais peut-être que cette sensation n'est due qu'à l'alcool de grain qui accompagne chaque fois le dessert.

La seule chose qui entame cette monotonie, c'est la radio posée sur un guéridon dans la salle à manger. Au grand étonnement de Margaret, l'appareil capte aussi les ondes courtes, et quand on le règle bien on peut entendre, comme elle le constate non sans effroi, à intervalles réguliers seulement interrompus par la clarinette de Mario Balbo, la trompette de Charly Tabor et la voix suave de Charlie Schwedler, le timbre un peu nasillard et hautain de *Lord Haw-Haw.*

Celui-ci est désormais plus qu'un simple nom pour les hôtes de Margaret, et il s'avère qu'ils espèrent beaucoup de ses messages, en tout cas plus que de ceux qui sont diffusés en langue allemande – et qui sont maintenant censurés. Il y a juste un problème : ils ne comprennent pas tout ce que dit *Lord Haw-Haw.* C'est ainsi que tous trois se retrouvent soir après soir à écouter la radio à la lumière des chandelles tout en vidant lentement une bouteille de schnaps. Et pendant que, comme lors d'une séance de spiritisme, la voix de *Haw-Haw* plane au-dessus de leurs têtes, Margaret traduit dans un allemand hésitant les points essentiels de ses messages. Néanmoins la question la plus brûlante, à savoir quand la guerre contre l'Union soviétique va commencer, reste toujours sans réponse.

Puis arrive le 3 avril. C'est un jeudi. *Lord Haw-Haw* s'adresse directement à ses auditeurs. Il leur dit qu'il n'a jamais voulu cacher son identité, bien au contraire, et c'est pourquoi, maintenant qu'il en a obtenu l'autorisation, il peut enfin dévoiler son vrai nom. *I, William Joyce, left England because I would not fight for Jewry against Adolf Hitler and National Socialism. I left England because I thought that victory which would preserve existing conditions would be more damaging to Britain than defeat.*

William Joyce, ce nom résonne de très loin dans la tête de Margaret qui se sent soudain oppressée. Elle a l'impression d'entendre Froehlich pour la première fois, comme à l'époque où elle avait appris qu'il allait faire une conférence en Écosse où elle s'était aussitôt rendue. Et en même temps, elle sent que ces deux événements sont les reflets l'un de l'autre, comme si cette première fois, il y a cinq ou six ans, était le début, et ce présent, ce maintenant, le point final d'une histoire se déroulant en miroir. À l'époque, elle avait la vie devant elle, elle pouvait aller où bon lui semblait, elle s'était décidée pour William Joyce, mais elle aurait pu tout aussi bien faire un autre choix, alors que maintenant elle se sent la proie d'une inquiétude lancinante, d'une douleur taraudante, submergée par la rage de s'apercevoir que son existence a pris à ce moment-là une orientation décisive. Depuis aujourd'hui, maintenant que leurs noms sont révélés, il n'est plus possible ni pour William ni pour elle de retourner dans leur pays. Londres leur est désormais à jamais interdit et elle ne reverra plus jamais Manchester.

À moins que – oui, à moins que quoi ? – à moins que l'Allemagne ne batte pas simplement l'Angleterre mais l'occupe tout entière. Dans les brefs moments de clairvoyance qui viennent se mêler à sa colère et à son désespoir, elle croit pouvoir entrevoir cet avenir.

Vers le milieu du mois, alors que la Yougoslavie a capitulé et que le temps s'est nettement amélioré, Margaret prend la route du retour. Un voisin s'est proposé de conduire les deux femmes en ville, et tandis qu'ils filent à travers la campagne, vitres baissées, cheveux au vent, Margaret respire l'air iodé et se laisse aller à la rêverie en regardant ce paysage idyllique : des petits nuages badinent dans le ciel, le vert tendre du blé en herbe brille dans la lumière, ici et là un paysan leur fait un signe de la main. Margaret se sent reposée, l'oisiveté lui a fait du bien, et pourtant, au fil des kilomètres qui la rapprochent de chez elle, elle sent revenir le poids des questions existentielles. Va-t-elle se séparer définitivement de Froehlich ou tout va-t-il s'arranger une fois de plus ? Mais est-ce vraiment une bonne chose de continuer à vivre à ses côtés ?

Comme si la réponse à ses questions se trouvait dans les champs, elle regarde par la fenêtre, contemple l'immensité du ciel, les plaines qui s'étendent à perte de vue, mais elle ne voit rien venir. Et soudain, alors qu'elle s'apprête à se tourner vers la femme qui l'accompagne, elle aperçoit une colonne d'individus émaciés aux vêtements grossiers et au crâne rasé qui avancent lentement sur la route. Ils sont cent, peut-être deux cents à se traîner ainsi, escortés par des hommes en uniforme noir, fusil à l'épaule. Lorsque la voiture dépasse la colonne fantomatique, ils tournent leurs visages creusés et leurs regards vides vers les occupants du véhicule.

Il ne faut pas les regarder, lance l'autre femme, ils ont tous une façon insolente de vous fixer.

Margaret, soudain en proie à un sombre pressentiment, veut savoir qui sont ces hommes, mais son amie balaie la question d'un revers de la main.

Ils sont passés, dit-elle.

Berlin, 1941

Au début, c'est toujours la même chose : à l'exception de quelques rares changements, ce sont les mêmes musiciens qui jouent et c'est toujours Lutz Templin qui dirige. Mais *ce qui* est joué, *comment* c'est joué et surtout *sous quel nom* c'est joué, reste une affaire de circonstances.

Pour les émissions de la radio nationale, Mahler l'a bien compris entre-temps, le public allemand se voit offrir la palette généralement plus mélodieuse du *Lutz Templin-Tanzorchester*, de l'*Harmonie Lutz Templin* ou du *Jazz-Orchester Templin* : des mélodies douces, légèrement swingantes, peu de solos, pas de politique et des textes en allemand. Pour les émissions destinées à l'étranger, en revanche, on parle de *Charlie and his Orchestra*, ça swingue davantage, c'est beaucoup plus jazzy, le rythme est calé sur le goût anglo-américain et les textes sont adaptés à la langue anglaise – sans pour autant être du goût des Anglais.

Des dénominations différentes selon le contexte mais qui désignent toujours la même chose, des noms qui, grâce à des secrets et des interdictions d'écoute, grâce aussi à des diffusions ciblées, ne sont connus que de groupes différents, si bien que, comme à la foire dans une galerie des glaces, une seule et même troupe peut mener des vies diamétralement opposées et pourtant parallèles qui, vues de l'extérieur, paraissent totalement indépendantes les unes des autres.

Fritz Mahler ne peut s'empêcher de penser à ces liens de parenté étranges dont les avis de décès révèlent toute l'absurdité : *Tu nous manques cruellement, tes fils et tes filles, tes frères et tes sœurs, ta mère et ton père, tes neveux et tes nièces.* Enfant, il devait toujours se livrer à de grandes contorsions mentales quand il s'agissait d'imaginer que l'homme qu'il avait toujours appelé l'oncle Hans avait été aussi le père, le cousin, le fils ou le frère de quelqu'un d'autre.

Berlin, 1941

Pendant ce temps, Froehlich doit faire face à de tout autres problèmes, plus terre à terre, plus pressants : est arrivé ce qui devait arriver, son mariage a pris l'eau et le divorce est imminent.

Nous ne savons pas exactement où se trouve, en ce matin du 12 août, le couple Joyce-White accompagné de ses avocats, mais on ne se trompera guère si l'on imagine le palais de justice comme l'un de ces innombrables bâtiments à l'architecture wilhelminienne dont Berlin regorge de façon inquiétante depuis le début du siècle. On connaît ça : un zeste d'austérité, une once de respectabilité, mais toujours les mêmes colonnes ventrues, toujours les mêmes fausses arcatures, les mêmes couloirs tortueux et une surabondance de portes. Bref, un fantasme médiéval figé dans la pierre qui ne peut que désoler le Moyen Âge.

En revanche, la salle d'audience dans laquelle ils pénètrent après avoir monté et descendu un nombre incalculable de marches est bien différente. Ce n'est qu'une pièce vide, sobre et sans décoration. Froehlich trouve que c'est en parfaite adéquation avec ce genre d'occasion. *Occasion* est ce à quoi il pense, alors que par-devers soi il utilise évidemment le mot anglais *affair*. Quoi qu'il en soit, il ne veut pas entendre le mot *divorce*.

La partie officielle n'est composée que de huit personnes (c'est très bien comme ça, se dit Froehlich qui ne tient pas à ce que toute la ville soit au courant), et après un rapide préambule dont se charge la personne la plus haut placée, c'est-à-dire le juge, et la vérification des mentions indispensables (les parties prenantes, leurs identités respectives, le motif de l'audience et cetera et cetera), les choses sérieuses commencent.

Froehlich demande à son avocat d'invoquer l'infidélité. L'avocat de Margaret oppose la violence de son mari qui dépasserait *de loin* les limites que l'on pourrait supposer acceptables dans le cadre du mariage.

Bien. Des arguments recevables des deux côtés. On convient que les bases du couple se sont effondrées et que les deux parties ne parviendront probablement plus à se réconcilier. Il est donc nécessaire – même si c'est très dommage – de prononcer le divorce.

Approbation générale, hum hum, tout à fait d'accord, bruits de feuillets, grattements de stylos. Encore une dernière question : Margaret réclame-t-elle une pension alimentaire ?

Froehlich jette un regard soupçonneux vers Margaret pour savoir comment elle va répondre. Après un instant d'hésitation, celle-ci déclare qu'elle n'en réclame pas. Elle travaille, elle peut et veut subvenir seule à ses besoins sans aide extérieure.

Voilà, le divorce est prononcé. Cela n'a même pas duré une heure. Tout ce petit monde quitte la salle et se retrouve dans un espace qui, soit dit en passant, n'est pas très accueillant ni très fréquenté pour un lieu où est censée être rendue la justice. Les deux parties parcourent ensemble les couloirs déserts tout en maintenant une distance en accord avec la décence : côte à côte en s'adaptant à la vitesse respective des uns et des autres, l'avocat de chaque partie occupant le milieu du couloir, si bien qu'un regard dirigé vers le conseiller juridique respectif permet de voir le partenaire – ou du moins l'ancien partenaire.

C'est ainsi que l'on arrive sur l'esplanade où les chemins doivent se séparer inévitablement. Mais soudain les deux divorcés se tournent l'un vers l'autre en ouvrant grand les bras et s'enlacent en pleurant. Les avocats se frottent les yeux en se demandant s'il s'agit là d'une preuve manifeste de l'inconstance anglo-saxonne. Et comme la scène semble vouloir s'éterniser, ils prennent rapidement congé et s'en vont chacun de leur côté.

Froehlich et Margaret ayant repris peu à peu leurs esprits, chacun demande à l'autre ce qu'il a prévu de faire, et comme aucun n'a envie de formuler une réponse qui révélerait leur profonde solitude, ils décident d'aller déjeuner ensemble au Kaiserhof.

Là, tous deux s'efforcent de rendre chaque moment le plus agréable possible. C'est sans compter sur une arrivée inopinée. En effet, à peine ont-ils terminé le plat principal que Fritz Mahler s'approche de leur table pour mettre les pieds dans le plat : *Comme ils sont beaux nos deux tourtereaux ! De vrais amoureux !* avant de se lancer dans des explications compliquées pour dire qu'il n'a pas encore trouvé le fil conducteur de son livre et qu'il ne sait pas en fait sur quoi il doit écrire.

Froehlich trouve qu'il s'étend un peu trop sur ce dernier point (étonné de voir comment un individu, qui prétend avoir du mal à trouver ses mots, puisse en dépenser autant pour signifier cette absence) et il est soulagé lorsque l'écrivain prend enfin congé sous un prétexte fallacieux (Encore un truc d'artiste ! se dit Froehlich). Mais une fois le gêneur disparu et la conversation à son sujet épuisée, Froehlich se rend compte, non sans regret, que la présence du joyeux drille avait aussi son avantage, car maintenant que le dessert est avalé, le café bu et le digestif savouré, plus rien ne peut retarder le moment de la séparation définitive.

Ils quittent donc l'hôtel et se dirigent vers la Wilhelmplatz où chacun cherche un taxi. Tous deux s'efforcent de faire bonne figure, mais ils éclatent de nouveau en sanglots et conviennent de retarder encore le moment de la séparation. Ils passent donc l'après-midi ensemble ; le soir, ils dînent à nouveau au Kaiserhof où ils retardent encore l'échéance en buvant un schnaps.

Mais le moment fatidique finit quand même par arriver, il est tard, chacun est étonnamment serein (peut-être un effet de l'alcool). Ils se prennent encore dans les bras, se serrent fort avant de se séparer pour de bon.

Lorsque Froehlich arrive une demi-heure plus tard dans la Kastanienallee, il est soudain confronté à ce sentiment de solitude désespérée qu'il croyait avoir surmonté depuis longtemps, et cette impression trouve son parfait écho, à quelques kilomètres plus à l'est, dans une chambre triste de la Bülowstraße.

Berlin, 1941

Mahler avait été surpris par le comportement de Froehlich. Il ne s'y attendait vraiment pas après son accueil si chaleureux, quelques mois plus tôt – sans pour autant être pris totalement de court, vu qu'en ce moment on entendait tous les jours parler à la radio de l'inconstance et de la perfidie des Britanniques, y compris et surtout dans l'émission de Froehlich.

Tout cela n'est pas si grave, mais Mahler, on le sait maintenant, a toujours besoin de quelque chose qui le tarabuste, sinon il ne se sent pas bien. Il regrette donc d'autant plus amèrement que l'aveu de son incapacité à écrire ait trouvé si peu d'écho chez Wilhelm Froehlich et ce n'est qu'aujourd'hui qu'il commence à s'en remettre. Fritz Brocksieper l'a en effet invité à un petit concert qui se déroulera dans – oups ! – une heure à peine.

Il s'agit de se dépêcher. Vite enfiler le costume de soirée, un trois-pièces cintré brun qui lui va à ravir, choisir une cravate assortie, non, pas celle-ci, plutôt celle-là, enfiler les Oxford que le boy a cirées et posées devant sa porte, glisser un mouchoir de soie dans la poche de poitrine de sa veste et, pressé par les quelques coups frappés à sa porte lui indiquant que le taxi est là, descendre en toute hâte et s'engouffrer dans le véhicule.

Il retrouve Brocksieper au Ciro Bar, et visiblement, rien n'a changé depuis son arrivée il y a quelques mois. Il y a toujours la même armoire à glace postée à l'entrée, et derrière le bar il y a toujours le même individu qui prépare ses cocktails mystérieux. La clientèle aussi est la même, du moins en ce qui concerne la proportion des uniformes bruns, bleus, noirs et gris et des vêtements civils. Comme la dernière fois, on remarque ici et là un col ouvert ou un bouton mal fermé. Quant au nombre de personnes, il est à peu près identique. En d'autres termes, l'endroit est plein à craquer.

Brocksieper, d'une humeur éblouissante et les yeux brillants, se dirige bras grands ouverts vers Mahler quand il l'aperçoit au milieu de la foule se frayer un chemin vers la scène. Il est même sur le point de le prendre dans ses bras quand il y renonce au dernier moment, se contentant de lui serrer chaleureusement la main. Angeli ne tarde pas à les rejoindre. Le pianiste milanais a les mains si fines qu'on ne devine pas tout de suite à quel point il travaille son instrument avant d'apercevoir les callosités plus sombres au bout de ses doigts.

Eh bien, c'est quoi le programme aujourd'hui ? demande négligemment Mahler en tapant cordialement sur l'épaule de l'Italien. Et comme s'il s'agissait d'un concert à la demande, il propose de commencer par *Goody Goody*, qui est effectivement un morceau assez accrocheur. Angeli et Brocksieper ne peuvent réprimer un léger sursaut, ils font la grimace, plissent les yeux et déploient toute une palette d'expressions signifiant à Mahler qu'il aurait mieux fait de se taire.

À cet instant précis, un homme longiligne et visiblement très imbu de sa personne s'approche (Mahler ne sait pas très bien s'il est arrivé parce qu'il a entendu le titre disons plutôt *juif* du morceau proposé ou si son attention a été attirée par les gestes un peu trop théâtraux d'Angeli et de Brocksieper). Sur un ton assez autoritaire, il demande à Mahler qui il est. Rodé depuis quelque temps à ce petit jeu très allemand qui régit toutes les relations interpersonnelles et qui est destiné à évaluer par des signes non verbaux ou du moins paraverbaux les rapports de pouvoir entre deux personnes qui ne se connaissent pas encore, notre Suisse décide de ne pas s'en laisser conter et refuse tout net de donner l'information réclamée, demandant en retour à qui il a affaire. Ce qui s'ensuit nous a été présenté mille fois dans ces films diffusés à des heures indues : un simulacre de combat de boxe délirant d'absurdité où le grand escogriffe finit par lâcher son identité, Lang, RMK.

Soupçonnant une mauvaise plaisanterie, Mahler se contente d'acquiescer et de siroter son martini qui, comme par magie (en réalité, il s'agit de la main droite de Primo Angeli), est arrivé à portée de sa main gauche. RMK, bien, bien, dit-il. Sur quoi ledit Lang lui traduit l'acronyme dont Mahler connaissait évidemment la signification : *Reichsmusikkammer*.

Hum.

Oui, et vous ? (Lang pointe le doigt vers Mahler.) Vous n'êtes donc sans doute pas un artiste.

Oh que si !

Votre nom ?

(Nous allons ici nous boucher un instant les oreilles, car Mahler dit son véritable nom, son vrai patronyme, dont la sonorité n'est d'ailleurs pas très éloignée de celle de son interlocuteur.)

Ah ! Et quel instrument ?

J'écris.

Des arrangements ?

J'écris. Je suis écrivain.

Ah, dit l'autre en se retournant et en murmurant quelque chose qui ressemble à *Vous auriez pu le dire tout de suite* avant de s'adresser au responsable de l'orchestre qui, ce jour-là, est de toute évidence Brocksieper.

Ils discutent longuement et abondamment de notations musicales et de titres, *La Panthère noire*, *Ma petite chérie* et d'autres du même genre que Mahler parvient à saisir à la dérobée. Et s'il avait quelques notions musicales, il se rendrait compte qu'il ne s'agit pas du tout de jazz. Il comprend néanmoins que ce n'est pas le moment de poser des questions stupides (même si elles sont justifiées), et tout en sirotant son martini il se tourne vers Angeli qui s'est entre-temps assis au piano. Une conversation s'engage pendant que la main droite du pianiste milanais vole au-dessus du clavier pour en tirer des accords étranges.

Mahler et Angeli s'entretiennent à merveille et quand parfois la barrière de la langue s'avère être un obstacle, Mahler recourt au langage des signes, tandis que les échanges se poursuivent à n'en plus finir entre Lang et Brocksieper. De temps en temps Brocksieper leur jette des regards en levant les yeux au ciel pour montrer qu'il n'en peut plus.

Finalement l'inspecteur semble apaisé, peut-être est-ce aussi dû à l'impatience du public qui parvient jusqu'à la scène par ondes successives, en tout cas Lang lâche Brocksieper.

Mais l'affaire n'est pas terminée pour autant. Apparemment fermement décidé à s'attaquer cette fois à Mahler, Lang se retrouve soudain debout à côté du piano et, s'accoudant sur l'instrument qui émet un grincement, il lance à l'Helvète un regard méprisant.

Écrivain, donc ?

Mahler acquiesce.

Je n'ai encore jamais entendu parler de vous.

Ça ne saurait tarder.

Lang demande s'il écrit sur cet orchestre, tout en feignant de vouloir cracher par terre (ce qu'il ne fait heureusement pas) et en montrant du doigt Brocksieper et les pupitres toujours vides.

C'est exact.

J'espère que vous faites ça pour le compte de quelqu'un.

Mahler acquiesce et, comme il l'a déjà vu en d'autres circonstances, il lève le doigt vers le plafond.

Alors c'est bien. Mais je voudrais tout de même vous donner un petit conseil.

Ah bon !

Ne pas croire tout ce qu'on vous raconte ici.

Je suis écrivain et je ne crois même pas tout ce que je raconte.

Lang a un sourire froid. Puis l'expression de son visage change brusquement.

Il faut surveiller de près ce Brocksieper.

Brocksieper ?

Lang acquiesce avec gravité.

Un juif.

À moitié, pour autant que je sache, repartit Mahler. En fait, seule sa mère est juive, ou plutôt la mère de sa mère. Et si l'on y réfléchit bien…

Justement. D'après les lois juives, il est un vrai juif de par sa mère.

Ah bon.

Oui, une chance que ce ne soient pas les juifs qui fassent les lois, n'est-ce pas ? Ils en seraient capables et se livreraient eux-mêmes au couteau.

Mahler avale, mais la boulette dans sa gorge ne passe pas.

Ah bon, dit-il encore une fois.

Attention en tout cas. Juif, demi-juif, en fin de compte, c'est du pareil au même. Une pomme à moitié pourrie ne peut que pourrir entièrement. Jamais elle ne redevient une belle pomme, pas vrai ?

Certainement, dit Mahler en se raclant la gorge.

Ça va de soi. Bonne soirée et à bientôt.

Je n'espère pas, se dit Mahler en le regardant s'éloigner et passer la porte. Ce n'est qu'à ce moment-là qu'il aperçoit comme par hasard Eugen Henkel, Meg Tevelian et Charly Tabor émerger du public, comme s'ils s'étaient… mais non ! Il chasse vite cette pensée saugrenue et s'approche de Brocksieper, peut-être dans l'intention de parler avec lui de la rencontre qui vient d'avoir lieu. Puis il s'arrête brusquement. Ce qu'il voit accapare toute son attention. Avec un calme stoïque, Brocksieper enlève les étiquettes adhésives des partitions si bien qu'apparaissent de nouveau *Black Tiger* et *Goody Goody*, et les pages semblent plus noires qu'auparavant. Mahler adresse un regard interrogateur à Brocksieper, mais celui-ci tapote du doigt sur sa montre et s'installe rapidement derrière sa batterie pour donner la mesure.

Berlin, 1941

Mahler a compris que les lignes de fracture de cet incident ne séparent pas simplement deux personnes. Il ne s'agit pas d'une querelle entre deux musiciens se disputant pour un saxophone, une place dans l'orchestre ou une fille dans le public. Il l'a compris tout à l'heure au Ciro Bar, où il s'est retrouvé avec Brocksieper et Angeli pour boire une bière bien méritée après le travail, il l'a compris après qu'on l'eut mis au courant à propos de ce Lang de la RMK, lequel n'est bien sûr qu'un rouage dans un système qui tourne dans l'ombre.

Brocksieper lui a expliqué que leurs engagements libres, les concerts et les prestations en dehors des studios d'enregistrement de la radio, même leurs enregistrements privés, tout cela est soumis au strict contrôle de la RMK comme les contributions de n'importe quel orchestre, et cela non pas *en dépit du fait* que Brocksieper et consorts font pour ainsi dire partie de l'orchestre personnel de Goebbels, mais *parce qu'*ils en font partie justement. Un traitement de faveur, des privilèges, un laxisme inexplicable à l'égard de certaines personnes, tout cela ne ferait qu'éveiller des soupçons inutiles, alimenter des rumeurs que le ministère veut à tout prix éviter. En outre, toujours selon Brocksieper, leur travail au ministère sert une cause plus importante qui justifie les moyens, le jazz donc. Mais cela ne veut pas dire pour autant qu'on puisse colporter et ébruiter la chose, même si, paradoxalement, c'est ce qu'on essaie de faire.

Le conflit, se dit Mahler sur le chemin qui le ramène de la Wittenbergplatz au Landwehrkanal, le conflit dans cette affaire se situe plutôt entre l'orchestre d'une part et son environnement d'autre part – ce que l'on pourrait appeler *la société*. L'orchestre cultive depuis des années un style de musique jugé indésirable, et toute prestation musicale est une façon de se confronter à des limites qui deviennent de plus en plus étroites au fil des années, de plus en plus imperméables, de plus en plus difficiles à contourner, et viendra forcément un jour où il faudra abandonner et passer à autre chose. Des milliers de personnes l'ont déjà fait, Mahler le sait, d'autres auparavant ont jeté l'éponge, qu'ils aient été convaincus que tout cela ne menait à rien ou qu'ils aient reçu des visites inopportunes n'annonçant rien de bon. Brocksieper, Templin et Henkel ont sans doute aussi été confrontés à ce dilemme, mais alors – et c'est là qu'intervient le mais – pourquoi ont-ils vu soudain s'ouvrir cette brèche, faille miraculeuse trop belle pour être vraie ? Pourquoi cet orchestre de jazz qui pouvait s'adonner à sa passion, certes en secret mais sans s'exposer à un danger immédiat ? En même temps, on sait bien que cette situation incertaine ne durera qu'aussi longtemps que Goebbels pourra tenir tête à d'autres personnes ayant d'autres convictions au sein même de l'appareil d'État, et aussi longtemps que Goebbels, comme d'ailleurs ses détracteurs, œuvrera pour un avenir où cette situation incertaine, dont chacun tire parti pour l'instant, n'aura plus lieu d'être.

Et c'est ainsi que Mahler, qui marche dans la nuit noire et désespérante de Berlin, arrive au point où convergent toutes les réflexions portant sur le dilemme dans lequel se trouve un orchestre de jazz. On le sait bien : Heinrich Lee dans le roman de Gottfried Keller *Henri le Vert* devient peintre ou bien il meurt. L'amour de Botho von Rienäcker et de Lene dans *Errements et Tourments* de Fontane surmonte les limites de l'ordre établi ou bien s'y fracasse. Le chevalier à la triste figure et son acolyte bedonnant réduisent la réalité à leur fiction ou bien elle les rattrapera. Pour Brocksieper, Angeli, Schwedler et Templin, surmonter ce dilemme signifierait que la musique qu'ils aiment et qu'ils chérissent survivrait au temps ou bien serait à jamais anéantie. (Il n'a pas échappé à Mahler qu'une telle fin menace une grande partie des musiciens, mais il se dit que, dans un roman de propagande, l'exposition de ce genre de conflit intérieur n'est pas vraiment de mise – à moins que...)

Comment transposer tout cela dans un récit ? se demande Mahler qui a longé un peu trop longtemps le Landwehrkanal et bifurque maintenant dans la Wilhelmstraße à hauteur de l'Anhalter Bahnhof. Il s'arrête un moment devant le ministère de l'Aviation civile, perdu dans ses pensées, mesurant de façon presque palpable l'insignifiance de sa personne. La biographie d'un individu est ce qui donne son épaisseur à un roman, parfois ce peut être aussi l'histoire d'une famille, mais dans tous les cas ce qui importe c'est la vie, la part individuelle. Pourtant quand des foules entrent en scène, quand des mouvements, des groupes, des courants et des partis apparaissent, quand disparaît l'individu et qu'il faut représenter quelque chose de plus grand, le roman explose, se déchire et devient pour ainsi dire une mer sans rivage.

Et que se passerait-il, se demande Mahler, si, par exemple, *on* (et par là, bien sûr, il se désigne lui-même), si *on* prenait sa vie, sa propre histoire, ou bien, par exemple, et encore mieux, la vie de Froehlich pour en faire un fil tendu sur lequel le *Charlies Orchester* et ses musiciens viendraient s'aligner comme des perles, toutes de la même forme mais indépendantes, chacune brillant de mille feux, chacune séparée de l'autre comme par un nœud, mais toutes reliées entre elles par... eh bien, par ce fil justement ! Cela donnerait un texte polyphonique, un roman semblable à un jazz-band. Mahler et Joyce se chargeraient de la section rythmique et donneraient en quelque sorte le tempo, tandis qu'Angeli, Schwedler, Brocksieper, Henkel, Tevelian et Templin viendraient virevolter au milieu.

Mahler se grise de cette idée (qu'il a certainement tort de considérer comme excellente), notamment parce qu'elle satisfait sa propre vanité. Après avoir regagné sa chambre, il se met aussitôt en devoir d'esquisser un canevas sur une feuille qui traîne sur son bureau et qu'il a l'intention de présenter à Froehlich. Et comme il sait que ce dernier n'est pas insensible aux flatteries (qui ne rêverait pas de devenir le personnage principal d'un roman ?), il ne doute pas une seconde qu'il trouvera auprès de lui le soutien nécessaire à son dessein.

Berlin, 1941

Le 7 novembre 1941, dans l'un des appartements en étage élevé du numéro 29 de la Kastanienallee à Charlottenburg, assis dans le salon sur le canapé faisant face à la porte d'entrée, les jambes croisées laissant apparaître au-dessous de la jambe droite du pantalon légèrement remontée une chaussette en soie aux motifs couleur loukoum, Fritz Mahler mordille sa petite moustache dans un mélange d'impatience et d'excitation tout en écoutant une mélodie de jazz qui vient folâtrer jusque dans le salon, en se délectant de petits cornichons, de minuscules oignons et de câpres présentés dans des coupelles en porcelaine… Mais où est donc passé celui qui l'a invité ? Ah, le voilà qui arrive de la cuisine avec un sourire malicieux, tenant dans chacune de ses mains un *manhattan* généreusement servi qu'il dépose sur le guéridon d'où il évacue comme par magie son ouvrage *Dämmerung über England* (Internationaler Verlag

Cesare Santoro, Berlin 1940) et un exemplaire défraîchi de *Münchhausen*.

Froehlich est vêtu d'une veste cintrée grise en tissu anglais, une cravate rayée dépasse de l'encolure de son pull-over en laine, de larges knickerbockers couvrent ses jambes. Est-ce cet accoutrement, est-ce la chaleur qui règne dans l'appartement ? Toujours est-il que ses joues rasées de près ont une belle couleur rose qui fait d'autant plus ressortir la marque blanche de sa cicatrice, laquelle donne à chacune de ses paroles une intensité particulière.

Les deux hommes trinquent et s'octroient une bonne gorgée d'alcool qui leur brûle agréablement le palais ; Froehlich prend une cigarette et l'allume. La soirée peut commencer, le terrain est prêt pour une conversation entre ces deux individus fondamentalement différents, mais qui pourtant se ressemblent étonnamment – l'un œuvrant dans le domaine de la radio, l'autre dans celui de la littérature – deux προφήτες, deux prophètes dont la parole ne vaut rien dans leur pays respectif et qui même ici, à Berlin, où le destin (à moins que ce ne fût le ministère de l'Éducation populaire et de la Propagande) les a réunis, sont restés des sortes de marginaux.

Comment vont-ils entamer la conversation ? Quel sujet va leur servir de passerelle pour accéder aux pensées de l'autre ? Mahler fait-il des compliments à son hôte sur le bon goût de son intérieur ? Évoque-t-il les livres qui remplissent les étagères ? Parle-t-il des copies des portraits de la Renaissance anglaise accrochées au mur ? Demande-t-il qui les a peints (Robert Devereux et Walter Raleigh par William Segar, Anne Boleyn par un artiste inconnu) et où sont accrochés les originaux (dans la National Gallery of Ireland à Dublin) ? Difficile à dire. Le fait est qu'au bout d'une demi-heure, le projet de Mahler est esquissé, les jalons sont posés, les contours sont dessinés. Froehlich se montre intéressé, et ce d'une façon en tout point conforme au projet de Mahler. Il fait des remarques pragmatiques, pose parfois quelques questions qui semblent un peu trop dictées par le souci de politesse, mais cela n'altère en rien le résultat : Froehlich est d'accord. Plus même, il est séduit par l'idée de déplacer un peu la perspective du roman en s'attachant moins à l'orchestre de jazz de M. Goebbels qu'à sa propre personne, Wilhelm Froehlich. Cela ne va pas forcément dans le sens voulu par le commanditaire, mais nul ne s'en apercevra, et si c'est le cas, c'est Mahler qui sera dans le pétrin alors que lui n'aura été au courant de rien.

Mahler pousse un profond soupir de soulagement. Il s'était fait tant de soucis, il avait été assailli par tant de doutes qui lui avaient valu tant de nuits blanches où il s'était demandé si Froehlich était véritablement *en mesure* d'accepter ou s'il n'aurait pas au contraire été *obligé* de dire non pour être réduit à un personnage ordinaire dont les actions, les paroles et les convictions – toute sa vie, donc – auraient été mises au service d'un grossier divertissement littéraire. Mais non ! Toutes ses craintes, tous ses doutes s'avèrent totalement infondés.

Mahler a soudain le cœur léger, ses yeux bleus brillent d'aménité. Il aimerait embrasser le monde entier ou du moins son hôte, mais il se retient. Il se dit que, vu le costume, ce serait dommage. Pourtant son euphorie veut s'exprimer, tout le pousse à saisir cet élan et à mettre immédiatement son projet à exécution ou enfin à l'initier, car il est impossible à ses yeux de s'arrêter en si bon chemin, et même de commencer par *le tout début* comme il le propose en sortant son carnet de la poche de poitrine de sa veste.

Oui, bien sûr, dit Froehlich en se redressant et en relevant le menton comme pour se présenter sous son meilleur jour. Et effectivement, la potence du lampadaire posée derrière le canapé jette sur son visage une lumière verticale, lissant les parties claires, creusant les ombres et faisant ressortir les contours.

Donc, commence Mahler, né le 24 avril 1906, fils d'un Irlandais.

Froehlich émet un grognement.

Non ?

Son père était déjà américain à l'époque, et lui-même est né à New York.

Donc américain.

Plutôt britannique.

Britannique ? Il a donc grandi en Angleterre ?

En Irlande.

Cela voudrait dire qu'il est irlandais.

L'Irlande faisait alors partie de l'Empire.

Il possède donc la nationalité britannique.

Oui. Ou plutôt non.

Mahler fait une pause et porte le bout de son crayon à ses lèvres.

Il possède un passeport britannique mais n'a pas la citoyenneté britannique.

Mahler avoue qu'il ne comprend pas bien.

Froehlich dit qu'il a un peu triché au moment de sa demande de passeport.

Un peu ?

Oui.

Il n'est donc pas sujet britannique !

Si.

Mahler pousse un soupir. C'est compliqué, si je peux me permettre.

Mais vous êtes πολύτροπος, dit Froehlich sur un ton d'excuse tout en arborant son plus joli sourire.

Pardon ?

C'est du grec et ça veut dire *habile*.

Je sais.

Alors ?

Vous voulez vous comparer à Ulysse ?

C'est bien possible, dit Froehlich. En Angleterre, il y a au moins aussi un chien.

Un chien ?

Qui attend son retour.

Comment ça ? C'est quoi son nom ?

Churchill.

Mahler se racle la gorge et son regard lorgne, de façon volontaire ou non, vers son verre vide avant de se porter sur Froehlich, dont le visage se met à s'animer. Au bout d'une ou deux secondes, il lève les mains, bredouille une flopée d'excuses, se met d'un bond sur ses jambes et se dirige droit vers la cuisine. Une minute plus tard, il revient avec deux bouteilles sous chaque bras et demande à Mahler ce qui lui ferait plaisir avant de lui verser un whisky sans attendre sa réponse.

Écoutez, dit Froehlich, toutes ces histoires de citoyenneté, ça ne mène à rien.

Au contraire, dit Mahler, je trouve même que…

Foutaise ! Écrivez *britannique*, ça suffit largement. Le reste n'intéresse personne de toute façon. Il est beaucoup plus important de mentionner que moi, Froehlich, je suis *la voix anglaise de l'Allemagne nazie*.

On ne peut quand même pas écrire ça, proteste Mahler.

Un peu qu'on peut ! Et pendant que vous y êtes, écrivez aussi que je suis le numéro 1 de Goebbels.

Mahler fait un signe énergique de la main.

Froehlich s'emporte, devient tout rouge et demande à Mahler s'il doute de ce qu'il dit.

Non, non.

Alors quoi ?

Mais…

Mais quoi ?

Il faudrait le formuler de manière un peu plus subtile, travailler au ciseau, au scalpel…

N'importe quoi ! En temps de guerre, on travaille au burin.

La littérature n'est pas la propagande, fait remarquer Mahler.

Quoi ? Je crois que j'ai mal entendu, dit Froehlich en mettant sa main en cornet derrière son oreille. La littérature n'est rien d'autre que ça. Vous voulez un exemple ? Pas de problème : dans les deux cas on prend une once de réalité qu'on tord et déforme jusqu'à ce que l'ensemble fasse une histoire facile à comprendre et crédible. Ce que je dis tous les jours au micro, c'est autant de la littérature que ce que vous faites, vous et vos collègues écrivains. Et parler d'un côté de propagande et de l'autre de littérature, c'est simplement une façon de jouer sur les mots.

Mahler veut faire une objection (du style : peut-être que la littérature et la propagande répondent sur le fond à des intentions très différentes), mais il s'étouffe en avalant son whisky et ne peut que tousser.

Oui, dit Froehlich. Et l'amour ne doit pas être oublié.

L'amour ? demande Mahler qui a enfin repris son souffle et fronce les sourcils. À ses yeux, Froehlich pousse le bouchon un peu trop loin.

Oui, dit celui-ci en faisant un clin d'œil. *Novel, a small tale, generally of love.*

Mahler le regarde en silence.

C'est une citation.

Je m'en doutais.

Oui.

Eh bien, avoue Mahler avec prudence, ce n'est pas trop ma tasse de thé, l'amour.

Vous avez déjà dû tomber amoureux, insiste Froehlich.

Bien sûr, rétorque Mahler, qui lui raconte alors avec une franchise déconcertante l'histoire de son premier et unique amour qui s'est terminé en catastrophe mais qui, dans sa mémoire, n'en représente pas moins ce point minuscule où la froideur de son existence vient parfois se réchauffer.

Comme quoi ! s'exclame Froehlich qui, un peu gêné par tant d'apitoiement sur soi-même, émet quelques toussotements derrière son poing.

Il cherche une réponse appropriée et réfléchit en sirotant son whisky. Il finit par dire que Mahler n'est pas *obligé* d'écrire sur son amour, ou du moins pas obligé de raconter ce qui s'est *réellement* passé. Il peut aussi écrire des choses sur l'amour d'autres personnes. *Tout simplement.*

Sur Margaret, par exemple ?

Oui, par exemple. Sur Margaret et lui, Mahler, s'il en a envie.

Mahler hausse les sourcils. Il pensait plutôt à Margaret et lui, Froehlich.

Il n'y a plus de Margaret et lui. Margaret, il faut que Mahler le sache, a eu… disons des liaisons. Des *écarts.*

Ah bon, dit Mahler.

Trahison, lance Froehlich, d'une voix particulièrement nasillarde.

Mahler hoche la tête. J'avais compris.

C'est pour ça qu'on a divorcé, dit Froehlich.

Je suis désolé.

Ce n'est pas nécessaire, vous n'y êtes pour rien. Du moins, je l'espère.

Mahler baisse les yeux et fixe le parquet, cherchant une accroche dans les nœuds du bois.

C'était une *plaisanterie*, dit brusquement Froehlich en ricanant, une *plaisanterie.*

Ah bon.

Si ça vous aide à écrire, vous pouvez bien sûr recourir à votre sentiment de culpabilité.

Je vais y réfléchir, dit Mahler d'un ton conciliant, et même si ce qui l'intéresse au premier chef c'est d'infléchir le cours de la conversation et de l'éloigner de ce sujet délicat, ce n'est pas vraiment un mensonge. Même s'il sait qu'il ne tiendra pas compte des conseils de Froehlich dans la mesure où il n'écrira pas de roman d'amour, il devra *néanmoins* les prendre en considération car il sait que, durant les semaines et les mois à venir – voire les années –, il va devoir se battre et se débattre pour maintenir un équilibre entre les idées de Froehlich et les siennes.

Oui, réfléchir, c'est ce que tout le monde devrait faire avant de se mettre à écrire, répond Froehlich qui s'apprête à ajouter un autre lieu commun, quand soudain un hurlement de sirène envahit tout l'appartement, de la cuisine à la chambre à coucher. Mahler sursaute et plaque ses doigts écartés contre son visage. L'alarme aérienne n'a perdu ni de sa force ni de son pouvoir d'effroi depuis la première fois qu'il l'a entendue.

Les heures qui suivent sont d'autant plus angoissantes que Froehlich, contrairement à Mahler, est totalement imperméable à la peur. La seule chose qui le préoccupe, c'est de ne pas arriver à mettre la main sur son appareil photo. Il finit par le découvrir sous un tas de linge sale – Dieu seul sait comment il a atterri là. Vite il met une pellicule neuve et un calme olympien l'envahit alors. Quand Mahler lui demande où se trouve l'abri antiaérien le plus proche, il se contente de lui donner l'adresse exacte avec une description assez précise de l'itinéraire à suivre et après lui avoir servi un *airmail* qu'il prépare directement dans le verre (il faut bien faire preuve d'un peu d'humour britannique), il indique à notre Suisse, mort de peur, de passer par le balcon pour rejoindre la rue, direction nord-ouest. Une fois dehors, Mahler aperçoit dans le ciel éclairé par les tirs de la défense antiaérienne les silhouettes des premiers bombardiers qui volent en formation parfaite vers leur cible. Le grondement des canons antiaériens couvre la ville d'un tonnerre de plus en plus assourdissant, le firmament sabré d'éclairs est parsemé de petits nuages cotonneux blancs et noirs qui se nourrissent de boules de feu en train de se désagréger en minuscules étincelles perdues dans la nuit. Un premier avion est touché et descend lentement comme un globe incandescent, un autre se brise en plein vol et disparaît au milieu d'une poussière d'étincelles, un autre encore pique vers le sol, la queue en feu, traînant derrière lui une spirale de fumée claire d'où soudain se détache une chose enflammée qui descend avec une lenteur inquiétante, et Mahler comprend alors qu'un homme est en train de brûler vif, suspendu à son parachute devenu inutile.

Les autres bombardiers continuent imperturbablement leur route, sans dévier de leur trajectoire, pareils à d'énormes insectes vrombissants. Dans une chorégraphie fantomatique digne d'un tableau de Niklaus Manuel, ils poursuivent leur attaque, faisant fi des tirs de plus en plus nourris de la défense antiaérienne. Et bientôt on aperçoit de gigantesques nuages de fumée et de poussière dans la direction vers laquelle Froehlich a braqué son appareil photo dont il ne cesse d'actionner le déclencheur ; la lumière d'un immense embrasement commence à s'arrondir tel un écran annonciateur de mort au-dessus de la zone où les bombes tombent par grappes entières des soutes grandes ouvertes. *Alone, alone, with the sky black with planes in flight*, se dit soudain Mahler dont le corps est traversé par un frisson sinistre et froid qui ne le lâche plus, alors que l'alerte est levée depuis longtemps. Le cœur serré, l'âme garrottée, il rentre chez lui à travers la ville qui s'anime un peu avant de vite retomber dans le silence. Tout est d'un calme inquiétant, les gens marchent lentement, leurs pas résonnent doucement, à peine audibles, et Mahler a l'impression que Berlin n'est plus peuplé que d'ombres.

Berlin, 1942

Mahler rassemble ce qui lui paraît important pour son livre, mais très rapidement tout finit par lui sembler important : il a de plus en plus de mal à faire la distinction entre *apparemment important* et *vraiment important* et bientôt il n'arrive même plus à différencier *ce qui a de l'importance* et *ce qui n'a aucune importance*, constat qui confirme cette évidence affirmant qu'il suffit qu'une personne soit obnubilée par une chose pour qu'elle voie tout à travers ce prisme. Et en effet, plus il se plonge dans ses recherches, plus il voit de liens entre les choses et il a l'impression de déceler partout des signes et des indices : un jour, par exemple, lors d'une promenade dans le quartier de Prenzlauer Berg, il réfléchit au rôle que pourrait jouer Templin dans son roman, et il est tellement perdu dans ses pensées qu'il s'égare et se retrouve dans une petite rue qui, à son grand étonnement, s'appelle *Templiner Straße*. Une autre fois, près de la tombe de Kleist qu'il est allé voir récemment, il s'est rendu compte que l'écrivain avait séjourné à Thoune dans les années où l'un de ses ancêtres avait lui aussi habité dans cette région de la Suisse. Et tout comme le cousin de ce dernier, qui avait hérité de la petite propriété sur les bords de l'Aar, Kleist s'était aussi tiré une balle dans la tête.

Pour autant, son blocage devant la feuille blanche n'a pas disparu, surtout depuis qu'il a décidé de faire de Froehlich le personnage principal de son roman, car celui-ci étant au courant il lui est impossible de faire machine arrière. Ce qui l'agace le plus, c'est qu'il a ainsi embarqué avec lui un autre empêcheur de tourner en rond. Il avait déjà suffisamment de fil à retordre avec Brocksieper, Templin, Angeli et les autres qui, par vanité, besoin de se faire valoir, narcissisme ou simple désir de lui mettre des bâtons dans les roues (ce que Schwedler avait un jour appelé : *exigence de vérité*), regimbaient à entrer dans le moule que voulait leur imposer Mahler.

Notre Suisse se maudit d'avoir cédé et d'avoir fait des concessions. Il aurait dû rester ferme, mais maintenant il est trop tard. Arrivé à ce stade de ses réflexions, il repense à l'image qu'il se faisait autrefois de l'écrivain : jeune Grec, demi-dieu inattaquable, infaillible et tout-puissant. Et il ne peut s'empêcher d'éclater d'un rire désespéré. Il n'est rien d'autre qu'un pitoyable dompteur de cirque incapable de se faire obéir par son troupeau d'animaux indisciplinés, un piètre comédien amateur qui, avec son haut-de-forme crasseux et son costume élimé, a depuis longtemps perdu le pouvoir d'éblouir le public.

Peut-être est-ce pour se détourner de cette vérité désagréable ou bien pour s'acquitter consciencieusement des obligations de son travail qu'il accepte un jour d'aller au cinéma avec Froehlich et Margaret. Une fois de plus, on passe *Ma vie pour l'Irlande*, le film de Max Kimmich avec Will Quadflieg, Anna Dammann et Werner Hinz dans les rôles principaux, qui a fait sensation l'année précédente, soulevant enthousiasme ou indignation. Mahler espère ainsi faire d'une pierre deux coups : il en apprendra davantage sur la guerre d'Irlande, qui va forcément jouer un rôle dans son roman, et il aura l'occasion d'observer la suite de la relation entre William et Margaret.

On se retrouve d'abord au Delphi, l'endroit à la mode à l'angle de la Kantstraße et de la Fasanenstraße pour boire une bière et quelques schnaps avant la séance. Une mélodie légère ruisselle du plafond, des danseurs se sont retrouvés sur la piste grâce aux téléphones de table, les bières défilent au comptoir sous les étoiles d'un firmament artificiel.

L'accueil est euphorique lorsque Mahler fait son entrée, poignées de main, accolades fraternelles, baisers sur la joue, et déjà les premiers verres s'entrechoquent sur le zinc. Margaret, vêtue d'une robe de soie aux tons verts subtilement changeants (mais peut-être Mahler souffre-t-il d'une légère déficience dans sa perception des couleurs), s'appuie contre le bar, tandis que Froehlich, aujourd'hui encore vêtu d'un élégant costume anglais, se tient debout à sa droite, la main gauche nonchalamment posée sur son épaule.

Une fois de plus, l'ambiance est joyeuse et décontractée. Mahler est étonné, il ne s'attendait pas à ce genre de comportement entre divorcés. Il est captivé par la légèreté qui entoure leur relation, il observe avec intérêt leurs minauderies, leurs compliments et leurs petites plaisanteries, sans jamais savoir à quoi s'en tenir. Il en va de même quand tous les trois, une heure et demie plus tard, pénètrent dans le cinéma et se laissent choir dans les profonds fauteuils en velours ; et lorsque la lumière diminue enfin, il a de plus en plus de mal à faire la distinction entre l'odeur de feuilles mouillées et de manteaux de laine humides qui règne dans la salle et les images de paysages irlandais ; et quand il voit à la fin un Irlandais condamné à mort marcher vers la potence, il croit reconnaître les traits de Wilhelm Froehlich et apercevoir en même temps, sur sa droite, Werner Hinz, alias Michael O'Brien, assis là avec sa femme.

Comme dans une mauvaise comédie métaphysique, l'imagination a pris le dessus sur la réalité et Mahler se frotte les yeux, incrédule. Il a l'impression d'être un peintre qui a longtemps travaillé à un tableau et qui soudain, emporté par le caprice d'une vile divinité, se retrouve immergé dans son œuvre, exposé à la monstruosité de sa propre imagination, si bien qu'il ne sait pas, juste après la scène de l'exécution, si une main se pose effectivement sur l'accoudoir et, après une brève hésitation, se glisse dans la sienne, une main dont il sait très bien à qui elle appartient. Il est stupéfait et, comme dans toute situation onirique, il se dit qu'il doit en être ainsi et il laisse faire les choses.

Puis arrive ce qui devait arriver, chaque chose en entraînant une autre. Nous faisons glisser plus rapidement les feuillets du récit sous notre pouce et sautons les détails sans importance pour aboutir à cette information capitale : ils se retrouvent le lendemain, à deux cette fois, puis, après une semaine qui a passé beaucoup trop lentement, une troisième et une quatrième fois. Tous deux sont d'avis que c'est bien trop peu, pourtant Margaret n'est malheureusement pas seulement prise par son travail mais aussi par Froehlich qui veut toujours qu'elle passe son temps libre avec lui. Ne se sont-ils pas juré à Londres de ne jamais se laisser tomber ? Et ce n'est pas un divorce qui y changera quelque chose, n'est-ce pas ?

La situation est difficile. Même si on laisse de côté le fait que Mahler trahit son commanditaire, sa relation avec Margaret n'est pas de tout repos, loin s'en faut. C'est une ronde continuelle avec ses tournants et ses retournements, un perpétuel va-et-vient, une chute et un regain d'attirance, une danse sur le fil du rasoir. Oui, la danse, cet équilibre précaire entre chute et victoire sur les lois de la gravité, entre raison et passion, entre vie et mort, est peut-être ce qui rend le mieux la nature de cette relation qui prend corps au sens propre du terme. Ils vont souvent danser ensemble, car contrairement à Froehlich, Margaret adore faire bouger son corps au rythme de la musique. Mahler, de par son éducation strictement protestante, n'a pas un goût immodéré pour la danse, mais comme il n'est pas sans remarquer qu'au bout du deuxième cognac il arrive à se détacher de cette attitude hautaine, il se donne du courage en passant d'abord au bar avant d'aller exécuter quelques pas de danse fort convenables sur la piste. Et quand le niveau de son courage redescend, il fait simplement un nouveau crochet par le bar pour le faire remonter.

C'est ainsi qu'un soir, dans l'un de ces établissements brumeux où Margaret, emportée par la musique, ne cesse d'aller chercher Mahler pour l'entraîner sur la piste, elle lui souffle à l'oreille, longtemps après l'heure légale de la fermeture, les trois mots magiques qui font qu'ils se retrouvent trois semaines plus tard dans un train cahotant qui les emmène vers la frontière suisse qu'ils franchissent à Schaffhouse par une nuit de brouillard.

Variante :

Ils se donnent rendez-vous au cinéma, dans un restaurant de l'Alexanderplatz, pour une excursion en barque sur la Dahme. Ils sont attirés l'un par l'autre, mais restent l'un à côté de l'autre, l'un en face de l'autre, confrontés l'un à l'autre. Il y a toujours une table entre eux, un dossier de fauteuil qui fait obstacle, un banc d'aviron, une barre ou un câble souterrain. Leurs vies avancent comme les deux rails d'une voie ferrée qui ne se rejoignent qu'à l'infini et pourtant Mahler aimerait parler d'amour, à cause de ça justement. Ils partagent des avis, se livrent à des discussions sur des sujets profonds, sont intellectuellement très proches. C'est justement dans ce petit écart, cet entre-deux, cette distance qui peut exister entre deux personnes, sans qu'elles se perdent de vue, que Mahler voit la plus haute possibilité vers laquelle l'amour peut s'élever. C'est tout ce qu'il est possible de tirer de sa sensibilité racornie, de son âme assombrie, de son cœur endurci.

Pas d'*amour fou* donc, pas de *liaison* enflammée dont le va-et-vient bannit les amants de l'empire de la raison, plutôt un pur amour platonique. Ce type de relation correspond bien plus à la nature de Mahler, qui s'exprime jusque dans les hauteurs (les profondeurs ?) de sa vie d'écrivain : il a énormément de mal à écrire sur l'amour, car l'amour a pour lui quelque chose d'inquiétant.

Autre variante :

Ils se voient, mais à titre purement professionnel. Margaret lui communique des informations sur Froehlich, et Mahler découvre par ce biais bien des choses sur l'Irlandais qu'il n'aurait pu apprendre autrement, car personne, que ce soit à Berlin, en Allemagne et même sur tout le continent, n'a une vision aussi globale (bien qu'incomplète) de Froehlich que celle que peut avoir Margaret.

Il n'est cependant pas question de fréquentation, aucune attirance de part et d'autre. Mahler n'est psychologiquement pas en mesure d'imaginer la moindre liaison et de surcroît il ne voudrait pas mettre en danger sa relation avec Froehlich. Quant à Margaret, elle a déjà un amant et ne voit pas du tout l'intérêt d'en avoir un autre (ou un nouveau).

C'est cette variante qui correspond le mieux au caractère de Mahler, et c'est surtout celle qui correspond à la vérité.

Berlin, 1942

Peu avant la fin du mois de novembre, Mahler apprend par Margaret, avec qui il a rendez-vous pour prendre le thé près du Reichssportfeld, le parc olympique, une anecdote qu'il se hâte de noter une fois de retour dans sa chambre d'hôtel : à l'automne de l'année dernière, un 1er novembre,

Margaret et Froehlich se retrouvent pour une promenade dans un parc, à l'ombre des arbres. Margaret est plutôt silencieuse, contrairement à Froehlich qui est tellement occupé à discourir et à se lancer dans des digressions qu'il ne remarque pas un vieux monsieur qui vient à leur rencontre à pas mesurés. En fait, Margaret ne le repère pas tout de suite non plus. Ce sont les passants se retournant les uns après les autres sur son passage, leur silence soudain, leurs regards fixes, qui attirent son attention ; et surtout c'est le fait que les réactions de tous ces gens ne trouvent aucun écho dans le comportement de l'homme qui continue imperturbablement à marcher, calmement, presque solennellement, comme s'il suivait son propre cortège funèbre. Ce n'est que lorsque l'homme n'est plus qu'à quelques mètres d'eux que Froehlich se rend compte de sa présence. Il se tait brusquement, s'arrête, regarde le manteau où il aperçoit l'étoile jaune fixée sur le revers. Froehlich est bouleversé de voir quelqu'un ainsi rejeté de la communauté des hommes. Le spectacle de ce vieil homme digne marchant au milieu d'une foule curieuse le perturbe profondément. Durant tout le reste de l'après-midi, il ne parle que de ça.

Mahler ne sait pas quoi en penser. Il connaît Froehlich, un fervent antisémite qui ne manque jamais une occasion d'accuser les juifs de ceci ou de cela. Devrait-il vraiment trembler au moment où il voit ses idées mises en pratique ? Cet épisode est contradictoire, ou plutôt il contient une contradiction en soi, comme beaucoup de choses que Mahler a vécues, vues, entendues, lues au cours de ces dix-huit derniers mois.

Que faire de cette anecdote ? Doit-il tout simplement la passer sous silence, parce qu'elle ne correspond pas à l'image de Froehlich, à l'image qu'il s'est faite de lui ? Perdrait-il, en la mentionnant, le fil directeur de son récit dont il a déjà une idée ? Ou bien n'est-ce pas plutôt une preuve que l'image qu'il a de Froehlich est fausse ou pour le moins lacunaire, s'il n'arrive pas à y intégrer une donnée *dont la véracité ne peut être mise en doute* ? Peut-être en sait-il finalement beaucoup trop peu sur Froehlich qui serait bien plus complexe qu'il ne le pensait.

Supplément I :

Faux ou pour le moins lacunaire, a noté Mahler sous cette information. Mais maintenant, une heure et deux tasses de café plus tard, il se dit, en relisant ses notes, qu'il pensait en fait : *Faux par rapport à la réalité,* sans imaginer que l'image qu'il se faisait de Froehlich pouvait être parfaitement *exacte* dans la mesure où elle correspondait assez précisément à celle d'un idéaliste intouchable, sûr de son fait et inflexible, se cachant derrière un mur d'ironie et de cynisme, image que la presse et la radio reprennent toujours quand elles parlent de *Lord Haw-Haw*, personnage créé par le ministère de la Propagande qui veut ainsi tendre en quelque sorte un miroir à l'ennemi, mais qui est largement utilisée en retour par l'ennemi à des fins de contre-propagande pour signifier : Regardez, voilà comment sont les Allemands. Et c'est ainsi que cette image occupe tout l'esprit de Mahler, de la même façon qu'elle se déploie tout aussi puissamment dans l'esprit des Anglais, des Américains et des Allemands et s'y enracine avec tant de force qu'elle sera encore là dans cent ans.

Est-ce qu'il se décrédibilise, se demande Mahler, s'il raconte l'histoire du parc, dans la mesure où elle va à rebours des attentes de l'opinion publique ? Ou les futurs lecteurs ne vont-ils pas considérer son personnage, que sera un jour Froehlich, d'autant plus cohérent que la contradiction fait partie de l'essence du monde ? Mahler espère vraiment que la seconde possibilité va l'emporter sur la première.

Supplément II :

À l'ombre des arbres, a écrit Mahler, mais le lendemain, il a des doutes : les arbres ont-ils encore des feuilles en novembre ? Et y avait-il suffisamment de soleil ce jour-là, condition indispensable pour faire de l'ombre ? Il se demande si, comme il l'a noté, il n'y a vraiment *aucune raison de douter de la véracité de cet épisode*, et pour la première fois il doute de la fiabilité de Margaret. Margaret a-t-elle menti ? écrit-il au crayon dans la marge du feuillet. Et la fois suivante, il lui demande des explications. Mais voilà : il n'a jamais été question d'arbres et encore moins d'ombre. Qu'a-t-elle dit à la place ? Rien du tout. Margaret s'est concentrée sur le cœur de l'incident, elle a restitué la base narrative de l'histoire, le reste, c'est Mahler – il faut le dire tout net – qui l'a inventé. Le parc, les discours remplis de digressions de Froehlich, le juif qui, selon Margaret, traverse le parc d'un pas *solennel, comme s'il suivait son propre cortège funèbre* – tout cela a été imaginé par Mahler. Ou plutôt : il ne l'a pas inventé en toute conscience, de façon intentionnelle, il a *pensé au fil du sillage* (telle est l'expression qu'utilise Mahler pour qualifier le fait qu'il s'est laissé entraîner et berner par la propagande sur laquelle il est censé écrire) ; sans s'en rendre compte, il a attribué à Margaret la paternité de ces détails. Mahler pousse un profond soupir. Combien de fois, dans combien de passages de son texte cela lui est-il arrivé ? Il ne veut même pas y penser.

Encore un point sur lequel il s'est trompé : la date. C'était le 1er septembre et non le 1er novembre. Est-ce possible ? Mahler vérifie : le 1er septembre 1941 était le jour où a été promulguée l'ordonnance de police sur le marquage des juifs, rendant obligatoire le port de l'étoile. Cette nouveauté expliquerait le comportement des passants qui voyaient sans doute pour la première fois une telle étoile. D'un autre côté, l'ordonnance n'était entrée en vigueur que quinze jours plus tard. Margaret voulait-elle bien parler du 1er novembre ? Non, elle avait toujours parlé de septembre, avait-elle affirmé.

Comment cela a-t-il pu lui arriver ? Peut-être parce que le mois de septembre est le neuvième mois de l'année, mais le neuf rappelle plutôt novembre, alors que *septem* signifie *sept* comme septembre. C'est possible. Toujours est-il que les ombres des arbres reprennent leur sens s'il s'agit de septembre. Enfin cela n'a plus d'importance.

Berlin, 1942

Entre Fritz Mahler et Lutz Templin, une habitude s'est installée au cours des derniers mois, sans que cela ait procédé d'une quelconque décision ou intention. Personne ne sait comment cela a commencé. On peut supposer que Templin a un jour invité chez lui son *compagnon écrivain* ; et comme ils se sont très bien entendus, l'invitation a été renouvelée une deuxième fois, puis une troisième, puis une quatrième, et aujourd'hui, peu de temps avant Noël, aucun des deux ne peut plus dire combien de fois ils se sont ainsi retrouvés. Ce qui est sûr toutefois, c'est qu'il n'y a désormais plus besoin d'invitation ni de concertation. Ils se retrouvent tous les lundis et jeudis dans l'appartement de Templin, et les deux hommes insistent toujours sur le fait que ce n'est pas *à sept heures* mais *autour de sept heures.* Cela peut sembler un détail, mais c'est en maintenant ce rapport informel avec l'heure que les deux hommes ont réussi à préserver leur *conditio humana* quelque peu mise à mal par trois années de guerre et qui, dans leur cas, ressemble plutôt à une *conditio artificialis.*

La soirée se déroule toujours de la même façon, non pas *en dépit* mais *en raison* justement de cette absence de contrainte que tous deux se sont paradoxalement imposée. On fait ce qu'on aime, et dans le cas de Templin et de Mahler, l'objet de leur attention est une conversation exigeante qui vire parfois au bavardage mais qui se reprend toujours – et jamais trop tard – pour regagner de la hauteur et explorer sans répit les sphères de l'art, de la philosophie et autres sujets du même genre. Enfin, et ce n'est pas le moins important, ils parlent de musique, et pas de n'importe quelle musique, ils parlent de jazz dont les sonorités venues d'on ne sait où ne cessent d'envahir doucement le salon, attentifs aux moindres accords.

Mahler, il l'avoue sans détour, n'a pas l'oreille musicale. Il a du mal à accéder à ces espaces que Templin semble parcourir lorsqu'il écoute un morceau, les yeux fermés et le visage un peu hébété. Pendant très longtemps, la musique n'a été pour Mahler qu'un simple enchaînement de sonorités, dont le sens supérieur lui échappait complètement. Mais entre-temps, au bout de la dixième où vingtième fois, il a senti s'ouvrir, avec l'aide de Templin, une sorte de second niveau. Mahler prend maintenant la mélodie pour acquise et se concentre sur ce que l'orchestre en fait. Templin appelle ça l'*interprétation*, et il peut en parler pendant des heures. Les soirées passent vite quand il s'agit d'analyser chacune des voix d'un orchestre en respectant leur nature profonde.

Mahler n'en est pas encore là, ses connaissances sont toujours assez modestes, même s'il a compris certaines choses. Il est par exemple étonné de voir que l'approche petite-bourgeoise et obsédée par la théorie des genres, avec laquelle on a l'habitude d'aborder la littérature, est complètement dépassée dans la musique, et surtout dans le jazz. Le fait que quelqu'un ait écrit la mélodie, la partition, la chanson n'est pas ce qui importe. Ce n'est que l'arrière-plan devant lequel commence l'art, le gabarit à partir duquel la variation, la nouveauté, l'inconnu, devient reconnaissable, de la même façon qu'il n'est pas très intéressant de savoir qui a inventé le marathon ni pourquoi tous les marathoniens courent toujours une même distance qui, en soit, est peut-être absurde. Ce qui compte, c'est de savoir qui maîtrise le mieux cette course.

Mahler considère à présent sous un jour nouveau les disques de *Charlie and his Orchestra* qui s'entassent dans sa chambre au Kaiserhof (sans leurs pochettes, comme l'a remarqué un jour Templin avec un tressaillement nerveux au coin des lèvres). Il y a un an encore, il pensait qu'il s'agissait de copies de morceaux anglo-saxons auxquels on avait ajouté – dans le meilleur des cas – une strophe supplémentaire avec un nouveau texte, simples *imitations* d'une œuvre déjà existante et intangible. Entre-temps, il a compris que ce sont des réinterprétations d'une œuvre originale à laquelle le style personnel d'un Fritz Brocksieper, d'un Eugen Henkel ou d'un d'Alfredo Marzaroli apporte un changement décisif, un minuscule décalage dans l'infiniment petit qui transforme pourtant l'ensemble et le fait apparaître sous un jour totalement nouveau.

Mahler apprécie ces soirées. En raison de la lenteur de son apprentissage, il ne les a pas considérées au début comme ce qu'elles étaient, certes pas exclusivement mais en grande partie quand même : des cours particuliers avec un professeur devenu un ami à qui il peut poser ou non toutes les questions qu'il veut. Bien sûr Mahler est parfois surpris par tant d'altruisme, étonné par tant d'intérêt pour son projet, et il se sent de temps en temps un peu trop poussé dans une direction. Mais sur quoi d'autre pourrait se fonder l'engagement de Templin si ce n'est sur l'empathie qu'il éprouve pour son ami à qui il souhaite ce qu'il y a de mieux ?

Ce soir-là aussi, tout se passe comme d'habitude et rien ne laisse présager un changement dans le protocole non écrit de leurs rencontres. Cela fait une heure que Mahler est là, ils ont déjà éclusé les premiers verres et comme chaque début de soirée, ils sont tous les deux plongés dans une conversation dont nous avons manqué le début, vu que nous étions occupés à résumer les précédentes rencontres. Nous le restituons brièvement : il y a deux semaines, Cor Koblens est tombé de son balcon (peut-être en état d'ivresse) et Templin a encore perdu un musicien ; il avait déjà eu du mal à remplacer Charly Tabor, qui (sans vouloir offenser Nino Impallomeni ni Alfredo Marzaroli) était son trompettiste préféré ; et même si, pour prendre sa place, on libère Eugen Henkel de son pupitre de saxophoniste, ce n'est qu'un cautère sur une jambe de bois – il a besoin de fiabilité, de sécurité, il doit savoir sur qui il peut compter, la Wehrmacht étant toujours prête à créer des ennuis. Si ça continue comme ça, il pourra bientôt se chercher un nouveau batteur, et si Mahler pense qu'il exagère un peu (ce dont ce dernier se défend par un vigoureux mouvement de la tête), il suffit de compter les ordres de mobilisation qui sont déjà arrivés entre-temps dans la boîte aux lettres de Brocksieper.

Tel fut en gros le contenu de leur conversation qui explique pourquoi Lutz Templin et Fritz Mahler arborent des mines graves : Templin parce que les rangs de son orchestre s'éclaircissent et qu'il doit sans cesse trouver des remplaçants ; Mahler, parce qu'il a l'impression que son répertoire de personnages, déjà très large, augmente à chaque nouveau musicien que Templin engage. Mahler craint en effet que sa matière ne déborde de toute part car il se fixe trop sur les *personnalités* de l'orchestre, n'ayant pas encore réussi à se défaire de l'idée qu'un orchestre est la simple somme de ses parties. Il n'a toujours pas compris qu'il ne suffit pas d'aligner de façon plus ou moins ordonnée des biographies d'artistes et que la narration n'est pas synonyme d'énumération. Un orchestre est plus que la somme de ses musiciens. Plus mais aussi moins. C'est ce qu'il y a de plus intime, ce qui reste quand on fait abstraction des personnes. C'est un style, une manière d'être, de jouer, une certaine conception de la musique.

Il faudra encore du temps à Mahler pour le comprendre, bien que Templin le lui ait déjà dit plus ou moins en ces termes, après que Mahler a évoqué pour la énième fois l'ampleur que risquait de prendre l'orchestre. Et Templin lui a demandé sur un ton qui n'est pas exempt de reproches si, jusque-là, il s'est simplement attaché aux personnalités de l'orchestre plutôt qu'à leur musique et à leur façon de jouer.

Berlin, 1943

Oui, la façon de jouer d'un orchestre, son style ! Décrire un simple morceau, exprimer ce qu'il y a entre les notes, semble relever d'une mission impossible pour Mahler ! Alors pour savoir ce qui se passe réellement, pour comprendre comment chaque voix est formée, chaque note est modulée, interprétée, il faut d'abord parvenir à écouter, à pénétrer au cœur de la musique et à s'en imprégner de façon directe.

Que faire ? La plus prometteuse des possibilités les plus désespérées lui semble d'aller encore, pour la trentième ou quarantième fois, à un concert de jazz. Il espère parvenir enfin à *s'imprégner* de l'ambiance, à *s'immerger* dans la musique, à *ressentir* le style. Même s'il n'est pas pleinement convaincu de cette idée, il prend malgré tout le téléphone et compose machinalement le numéro de Brocksieper. Dring-dring, tut-tut, allô-allô ! Brocksieper à l'appareil. Comment ça va ? demande Mahler sur le ton amical qui est désormais de mise entre les deux hommes. Est-ce que je pourrais passer ? Oui. Ce soir ? Parfait !

Moins de deux heures plus tard, Mahler prend un taxi pour rejoindre le numéro 31 de la Rankestraße où se situe l'entrée du Carlton Bar surveillée par un portier musclé. On connaît maintenant bien l'habitué du Ciro situé juste à côté et le Suisse est accueilli avec un sourire poli. L'établissement jouit à juste titre de la réputation d'être une véritable *boîte de nuit**. Pourtant les proportions donnent plutôt l'impression à Mahler de se retrouver dans une boîte à chaussures.

Il est en avance, la petite scène est encore déserte, mais les mondanités ont déjà commencé au milieu de conversations feutrées. Le bar ne cesse de préparer des cocktails recherchés, souvent servis avec des assiettes d'apéritif sorties d'on ne sait où.

Pour raccourcir un peu l'attente, Mahler commande un plat, mais il est si petit qu'à peine fini il en a déjà oublié le goût. Nonobstant sa taille microscopique, il lui reste sur l'estomac – tout comme l'addition salée qu'on lui présente dans la foulée. Par chance, et avant que Mahler ne s'énerve trop (de toute façon, ce sera mis sur sa note de frais), le rideau s'ouvre et déjà apparaissent Jos Breyre, Henk Bosch, Robby Zillner et Folke Johnson, quatre visages bien connus. Chacun d'eux porte son étui à trombone sur l'épaule. Puis arrivent nonchalamment Nino Impallomeni et Alfredo Marzaroli, les deux trompettistes, suivis de Fritz Brocksieper et de Primo Angeli, section rythmique réduite.

En guise de bienvenue, Angeli donne une tape sur l'épaule de Mahler, accompagnée d'un petit coup de coude amical dans les côtes, avant de lui pincer gentiment la joue. Juste au moment où arrivent Impallomeni et Marzaroli, il lui demande avec un intérêt sincère où il en est de son roman. Les deux autres Italiens sont également curieux de connaître l'état d'avancement de ce *romanzo*. Ça avance, ça avance, répond Mahler dans un soupir qui signifie en réalité : Je préférerais que vous ne me posiez pas la question.

Pour changer de sujet et se montrer décontracté, il demande ce qu'il y a au programme du jour. Il n'attend pas grand-chose de la réponse, mais à en juger par le sourire des Italiens, l'orchestre, qui se présente aujourd'hui sous le nom de *Brocksieper-Solisten-Orchester*, est en train de mijoter quelque chose. Et Mahler ouvre de grands yeux lorsqu'il voit qu'on pousse sur la scène un clavecin. Oh là là ! se dit-il. Pour moi, c'est plutôt pour les sonatines baroques, les menuets et les capriccios. Pas pour le jazz.

Allez, ouvre grand tes oreilles ! lui lance Willy Berking qui surgit soudain et ajoute – Mahler est prié de le noter –, qu'il a fait lui-même les arrangements. À voir les étincelles dans ses yeux, on comprend que, même s'il ne va pas monter sur scène, il est venu par pur plaisir et il n'en peut plus d'attendre. Il veut tester l'effet de sa dernière création et il est très impatient. Le public est manifestement dans le même état d'esprit. Il en a assez des sons anarchiques produits par les trombonistes en train de s'échauffer. Il veut de la vraie musique, et quelqu'un dans la salle va même jusqu'à brailler : On ne va pas y passer la soirée ! Formule qui n'est pas dépourvue de pertinence vu l'heure du couvre-feu. Allez, c'est parti. Brocksieper fait signe à ses musiciens de monter sur scène et lance un dernier clin d'œil à Mahler resté près du comptoir avec Berking, avant de rejoindre à son tour les autres. Il compte déjà : un deux, un deux. Les trombonistes et les trompettistes lèvent un peu les embouchures de leurs instruments, se haussent sur la pointe des pieds, bombent le torse, joues gonflées au maximum, puis d'un seul coup ils laissent retomber leurs épaules, leur tête et leurs mains pour se lancer dans une intro retentissante qui ne dure que quelques secondes, car déjà le clavecin se fait entendre, bientôt suivi d'un discret accompagnement de contrebasse. La section rythmique à deux voix entame un ballet léger interrompu parfois par les trompettes qui viennent s'intercaler dans le jeu et occuper les espaces vides. D'étranges harmonies se tissent entre les trompettes, la contrebasse et le clavecin qui avait déjà le rôle principal mais à qui on laisse maintenant le champ libre.

Angeli ne se fait pas prier pour jouer en solo. Il frappe vigoureusement les touches, explore avec assurance tout le spectre des tonalités, monte et descend brillamment les octaves avant d'être finalement rejoint par les cuivres et la contrebasse. À ce moment-là, une longue sonorité de trompette se joint à cette déambulation devenue plus nerveuse, une deuxième trompette ajoute quelques modulations à la première, elle suit le clavecin, le poursuit, avant de le laisser partir. Angeli se lance dans un deuxième solo, brève variante à laquelle vient participer la contrebasse, les instruments à cordes prennent ensuite le dessus tandis que le motif des trompettes qui voulaient toujours s'intercaler est repris par le clavecin, suite rapide d'octaves qui laisse rapidement s'effranger la voix vers le haut. Tout indique que le troisième solo va démarrer. Tête baissée, ruisselant de sueur, Angeli se déchaîne une fois de plus, grappes de sonorités baroques jetées dans la salle et le public où les visages s'illuminent d'enthousiasme. Puis les trompettes retentissent de nouveau, sextuple va-et-vient, le clavecin appelle, les trompettes répondent, le clavecin appelle, les trompettes répondent, le clavecin appelle encore, les trompettes répondent un ton en dessous, le clavecin appelle, les trompettes répondent une fois encore un ton en dessous, le clavecin appelle différemment, les trompettes répondent comme au début, le clavecin appelle une nouvelle fois, les trompettes donnent la même réponse qu'au début, le clavecin a compris, minaude, fait le dos rond, les trompettes se retirent, le clavecin lance un autre appel qui reste sans réponse, la contrebasse arrive à la rescousse, encore le même appel, les trompettes restent muettes, appel, absence de réponse, appel, absence de réponse, appel, absence de réponse, ultime appel, hésitation, hurlement des trompettes, et soudain la grosse caisse de la batterie se met à gronder, rageuse comme une rivière de galets roulant dans une gouttière, suivie d'un staccato incisif ; puis les trombones exultent, c'est le signal de départ pour la contrebasse et les cuivres qui se lancent dans une poursuite effrénée jusqu'à ce que le clavecin, leste et agile, intervienne à nouveau. Mais les trombones ne s'avouent pas vaincus, d'abord hésitants ils se lancent bientôt dans un véritable conflit où ils font éclater leurs sonorités dans un nouveau jeu d'appel et de réponse qui culmine dans un bouquet de cuivres avec les trompettes, qui brusquement retombe, laissant le dernier mot au clavecin qui à son tour doucement s'éteint.

Muet, comme étourdi, le public écoute un moment dans le vide puis déchire le silence par un tonnerre d'applaudissements. Il hurle et siffle, certains ne tiennent plus sur leur chaise et se lèvent, ils continuent d'applaudir, réclament un bis, et pendant que les musiciens se concertent sur scène, Berking se tourne vers Mahler et lui demande à mi-voix mais avec un brin de fierté ce qu'il en pense.

Mahler, qui sent bien qu'il s'agit là d'un morceau formidablement audacieux, ne trouve pas de mots pour exprimer son enthousiasme et se contente de lever le pouce en riant. Berking veut ajouter quelque chose, mais au moment où il prend sa respiration un fracas de cuivres l'oblige à se taire. L'orchestre a repris l'introduction…

Potsdam, 1943

Cymbal Promenade, tel est le nom du morceau que Brocksieper et ses amis ont présenté il y a quelques semaines au Carlton Bar. Il en a beaucoup été question depuis lors au cours des promenades que Mahler et Brocksieper font ensemble depuis quelque temps. En effet, Mahler tente de donner une touche d'amitié non seulement à sa relation avec Templin mais aussi à celle avec Brocksieper. C'est la raison pour laquelle les deux hommes se retrouvent tous les vendredis pour s'adonner à toutes sortes d'activités qui n'ont rien à voir avec le travail : ils vont se promener à Grunewald, jouer aux quilles à Köpenick ou nager dans le Schlachtensee.

Mahler et Brocksieper s'efforcent – c'est du moins ce qu'ils se sont promis – de parler essentiellement de choses personnelles (Brocksieper : Ta patrie te manque ? – Mahler : Pas du tout. Et toi ? – Brocksieper : Quelle patrie ?). Évidemment, le travail n'est jamais loin et il est impossible de tracer une frontière hermétique entre le professionnel et le privé – surtout dans le cas de Mahler. La vie, le monde, *tout* est littérature, aime-t-il à répéter en levant les mains en signe d'excuse. Brocksieper sait alors qu'il peut tranquillement s'allumer une cigarette, car Mahler adore parler de ses problèmes personnels et de ses soucis qui ne cessent de s'accumuler : l'inspiration artistique qui lui vient dans les endroits les plus improbables ; la sempiternelle question de savoir comment on transforme en roman une émission de radio qui dispose en plus de son propre orchestre de jazz. Comment se lancer dans une histoire qui n'est pas encore terminée ? Quelle importance accorder à la suggestion de Froehlich de laisser une place à l'amour ? et ainsi de suite.

Aujourd'hui encore, le Suisse s'écarte bien vite des règles qu'ils se sont imposées. Un ami de Brocksieper leur a prêté une barque et ils sont partis avec deux caisses de bière en direction de Potsdam pour faire un tour sur le Templinersee (oui, oui !) et passer du bon temps

C'est une journée de début d'été plutôt indécise : de gros nuages se dressent comme un rempart dans le ciel pâle et des bourrasques viennent régulièrement troubler le silence et parsemer de petits éclats blancs la surface sombre du lac. Le vent fait claquer les voiles des bateaux et les oiseaux quittent à grand bruit les roseaux où ils s'étaient cachés.

Malgré tout, les deux hommes continuent leur promenade et, mis à part les moments où le vent est trop fort, on peut dire qu'ils avancent bien. Mahler rame et bavarde joyeusement, Brocksieper tambourine un rythme allègre sur son banc, et quand ils ont besoin de faire une pause, ils s'arrêtent là où ils sont et jettent par-dessus bord une caisse de bière qu'ils ont attachée à une corde qui leur sert d'ancre et qui revient toute fraîche quand ils la remontent.

Ils ont mis le cap vers le sud-ouest, en direction du château de Caputh. Mahler rame tandis que Brocksieper est installé confortablement à l'arrière, peut-être un peu trop confortablement d'ailleurs, car ses yeux ont tendance à se fermer. Certes, la dernière nuit a été longue, une fois encore, ils y sont allés fort. Mais les longues phrases de Mahler y ont peut-être aussi leur part, pesantes comme une couverture bien chaude : Mahler a en effet repris son antienne et on se demande vraiment comment Brocksieper peut supporter tout ça. La réponse à cette question ne va pas tarder.

Mahler vient de dire qu'il se considère comme un *défavorisé des circonstances extérieures*, les circonstances qui sont venues empiéter sur son art, qui ont empêché le plein exercice de son art et l'ont même *carrément entravé*. Brocksieper écoute en hochant la tête sans conviction et ne peut se retenir de lever parfois les yeux au ciel. Au moment où Mahler fait une pause pour s'éclaircir la gorge, Brocksieper lui avoue ce que lui-même et ses collègues pensent depuis un certain temps déjà, à savoir que le principal obstacle de Mahler c'est *Mahler lui-même*.

Ce dernier le regarde, bouche bée.

Qu'il ne trouve pas de fil conducteur, qu'il ne sache pas vraiment comment gérer ses sources, ses personnages, ses commanditaires – ce sont des obstacles intérieurs.

Intérieurs ? interroge Mahler.

Des problèmes qu'il se crée lui-même, insiste Brocksieper.

Mahler secoue la tête. Il demande à Brocksieper s'il considère vraiment comme des *obstacles intérieurs* le fait que le ministère lui donne à lui, Mahler, des directives très précises (et parfois aussi malheureusement aucune).

En entendant parler de *directives très précises données par le ministère*, Brocksieper a un brusque sursaut et un tressaillement traverse son visage, mais il se reprend vite et enchaîne sur ce que vient de lui dire Mahler.

D'une certaine manière, oui. Du moins la façon dont Mahler aborde les choses.

Ce dernier lui demande où il veut en venir.

En soi, son travail n'est pas remis en question par le ministère, bien au contraire, dit Brocksieper.

Mahler pense que Brocksieper a raison, il ne veut pourtant pas l'admettre. Il marmonne quelques mots incompréhensibles puis regarde le lac et le ciel où des nuages sombres se sont amoncelés au-dessus des arbres pour former une muraille menaçante. Le soleil a soudain disparu, privant l'écorce des pins de leur éclat rouge et le lac de ses scintillements, comme si l'automne s'était soudain abattu sur eux.

Brocksieper explique que, *pour sa part*, il aimerait bien avoir de tels problèmes, et sa mine s'assombrit à l'unisson du temps. Puis il se tait à nouveau, mais Mahler croit percevoir dans le tressaillement à la commissure de ses lèvres un mouvement de révolte, comme si Brocksieper prenait son élan. Et soudain il laisse libre cours au déferlement de ses pensées. Brocksieper parle de la censure qui grandit, des persécutions de plus en plus dures, de la Wehrmacht qui revient sans relâche à la charge. Ses phrases se bousculent, des bribes de mots alternent avec des exclamations de désespoir. Mahler perçoit un danger, il a peur. L'agitation de Brocksieper s'empare de l'embarcation qui se met à tanguer. Arrête, bon Dieu ! crie Mahler. Ses mots sont emportés par une rafale soudaine. Il se lève d'un bond pour contrebalancer les mouvements du bateau (et si nécessaire aussi la fureur d'un Brocksieper hors de lui), mais il est trop tard et il perd l'équilibre. Il sent la surface de l'eau glaciale se briser sous la calotte de son crâne, une piqûre douloureuse traverse ses narines, un choc glacé frappe ses reins, et dans un grondement le lac se referme au-dessus de lui. L'étoffe de son costume de lin le martyrise, le col de sa chemise se resserre autour de son cou, ses yeux s'exorbitent et son cœur s'emballe jusqu'à venir cogner dans tous les recoins de son existence. Telle est donc l'éternité, lui souffle son cerveau tandis que ses bras tentent des mouvements insensés, brassant l'eau désespérément jusqu'à ce que sa tête, après des secondes qui n'en finissent pas, émerge enfin à l'air libre. Il tousse, crache et s'efforce de reprendre son souffle. Il est encore trop tôt pour éprouver le moindre soulagement, il sent ses jambes tirées vers les profondeurs tandis qu'un poing d'airain martèle sa poitrine. Mahler regarde avec angoisse autour de lui pour voir où est passé le bateau, et ce n'est qu'au bout d'un moment long comme une éternité qu'il l'aperçoit à vingt ou trente mètres de distance. Brocksieper est debout sur la barque et pioche l'eau avec une rame comme un forcené. Je suis là ! crie Mahler, mais le bateau semble s'éloigner de plus en plus. Brocksieper ne va quand même pas... ? Non, voilà qu'il lui fait signe et lui crie quelque chose qu'il ne comprend pas. Il met un temps infini à virer de bord, et c'est Mahler qui, ne relâchant pas ses efforts, parvient à réduire la distance qui les sépare. Lorsqu'il se trouve à quelque cinq mètres de l'embarcation, Mahler crie à Brocksieper de lui tendre la rame. Quoi ? La rame, hurle Mahler, qui commence à reprendre confiance. Mais lorsqu'il voit le visage livide de Brocksieper agité de tressaillements nerveux, Mahler est saisi d'un horrible pressentiment. La rame, lance-t-il encore une fois, à bout de forces. Et quand il aperçoit soudain l'aviron au-dessus de lui et le visage cireux de Brocksieper parcouru de tressaillements, il prend la mesure du danger qui le menace. Mahler est tétanisé par cette pensée qui le submerge, sa tête s'enfonce de nouveau sous l'eau et il est prêt à se résigner à son sort. Puis soudain, il se sent aspiré vers le haut, agrippé par deux mains puissantes qui, après quelques dangereux mouvements de tangage, le hissent finalement à bord.

Le soir, Mahler sent la fièvre monter. Les jours suivants, il reste dans son lit en proie à un terrible rhume, fixant les stucs du plafond. Son esprit revient sans arrêt au moment où il est tombé à l'eau, tête la première, et il ne cesse de revivre ces minutes d'angoisse. Les poussées de fièvre qui l'assaillent, surtout en fin de journée, contribuent à déformer ce qui s'est passé. Comme quelqu'un qui regarde à travers un kaléidoscope et y voit la réalité mais aussi ses innombrables reflets et ses brisures, Mahler revit, entre veille et sommeil, tout l'incident où les différentes variantes se bousculent dans une coexistence chaotique : Brocksieper l'a-t-il délibérément poussé dans l'eau ou est-il tombé tout seul ? Brocksieper s'éloignait-il ou voulait-il vraiment virer de bord et revenir vers lui ? Voulait-il l'assommer avec la rame ou le sauver ? A-t-il failli le tuer ou Mahler est-il simplement le jouet de son imagination ?

Berlin, 1943

À supposer que le jazz soit effectivement encore plus fortement proscrit que ne l'a prédit Brocksieper, à supposer que les musiciens soient encore plus durement persécutés, à supposer enfin que l'orchestre de Charlie soit dissout ou que certains de ses membres soient enrôlés de force, arrêtés, renvoyés en Hollande, en Italie ou en Suède – que lui arriverait-il *à lui*, se demande Mahler (et il se le demande surtout, car ce qui l'intéresse, lui l'opportuniste et le profiteur de guerre, c'est moins les autres que le moment où les autres touchent son propre intérêt). *Dans le meilleur des cas*, il perdrait quelques-uns de ses personnages, *dans le pire des cas*, le sujet de son roman n'aurait plus lieu d'être, écrire perdrait tout son sens. Toutes ses recherches, ses conversations et ses notes, son doute obsédant mais aussi les rares moments de bonheur et de succès, tout cela n'aurait servi à rien.

Dans les jours qui suivent sa guérison, Mahler ne cesse de penser à ce que lui a révélé Brocksieper, et plus il se laisse aller à ce genre de réflexion, plus il se dit que ses soucis et ses craintes sont *tout autant les siennes*. Et c'est ainsi qu'un jour il lance à Brocksieper : On a toujours été dans le même bateau, *tout le temps*. Je ne l'ai compris qu'après notre excursion à Potsdam.

Toujours – sauf lors de cette excursion, déclare Brocksieper avec un sourire crispé.

Mahler plisse les yeux.

Dans le même bateau, oui, dit Brocksieper, du bout des lèvres. Mais plutôt comme capitaine et comme passager clandestin, ajoute-t-il dans un chuchotement à peine audible, si bien que Mahler n'est pas sûr que Brocksieper ait vraiment prononcé ces mots.

Pour Mahler, cette prise de conscience (ou ce qu'il entend par là) est importante. Jamais au cours des deux dernières années il n'a été en mesure de voir le problème de manière aussi claire et nette (en fait, pour lui, il n'y avait jamais eu de problème), mais maintenant il pense pouvoir l'exprimer de façon très concise : tout ce qui portera atteinte à l'orchestre et à ses musiciens portera *dans la même mesure* atteinte à son projet. En d'autres termes : pas d'orchestre – pas de roman.

Simplifier à l'extrême, minimiser d'un côté et exagérer de l'autre, c'est évidemment du grand n'importe quoi. Mais Mahler n'a plus le sens des nuances, des dégradés, de la juste mesure. Il doit absolument mettre tous ses problèmes sur la table et dès le lendemain il se rend dans le bureau de Froehlich – sans avoir pris rendez-vous, *nota bene*. Celui-ci n'est pas ravi de cette arrivée impromptue et quand Mahler lui demande s'il a un *petit* moment à lui accorder, il répond par un grognement hostile. Seulement le Suisse a déjà pris place. Il est prié d'aller droit au but, l'avertit Froehlich, et sa cicatrice frémit, menaçante. Bien volontiers, repartit Mahler en lui présentant très brièvement qu'*il lui a fallu des années* pour comprendre quelle était sa tâche. Froehlich l'écoute avec impatience et il est plusieurs fois tenté de l'interrompre, mais il se ravise et les choses s'éternisent.

Lorsque Mahler a terminé, Froehlich secoue violemment la tête et balaie tout ce qu'a dit le Suisse d'un revers de main. Si l'on considère l'affaire avec objectivité (et c'est l'une des rares occasions où Froehlich est en mesure de le faire), ce que Mahler estime être un problème, à savoir le danger auquel sont continuellement exposés les membres de *Charlie and his Orchestra*, peut faire une histoire très intéressante, et même si cet orchestre en perpétuel état de précarité – Froehlich tousse – finit par disparaître dans un *finale furioso*, Mahler aura alors la meilleure fin qu'il puisse imaginer : dramatique, passionnante, bouleversante.

Mahler s'apprête à répondre, mais Froehlich lève énergiquement la main. Il n'a pas terminé. Le mieux dans toute cette histoire, c'est que Mahler n'a pas besoin de faire quoi que ce soit. Au contraire. Il lui suffit d'adopter la position traditionnelle de l'observateur impartial (voir Tacite) et de regarder – sans rien faire, sans intervenir, en toute neutralité – comment les choses se passent.

Mahler est étonné, abasourdi, abattu par les mots de Froehlich. C'est peut-être la raison pour laquelle de longues secondes s'écoulent avant qu'il n'arrive à émerger du fond de ses pensées pour se lancer dans une contre-attaque. Mais il est trop tard. Froehlich, qui laisse rarement passer une occasion favorable, a profité de ce bref silence pour se lever, obliger Mahler à faire de même et lui indiquer la sortie. Il doit être dans vingt minutes à l'antenne, dit-il, avant d'ajouter quelque chose qu'étouffe déjà le claquement de la porte.

Berlin, 1943

Comme s'il avait perdu la raison, la tête en feu, grinçant des dents, Mahler quitte la Maison de la Radio, cap à l'est. Il marche, s'arrête, fixe le trottoir, repart, s'arrête à nouveau, fixe le ciel : la façon qu'a Froehlich de voir les choses l'a profondément perturbé. Toutefois plus on y réfléchit, se dit Mahler (qui n'est d'ailleurs arrivé qu'au Lietzensee et n'a donc pas eu le temps d'approfondir ses réflexions), plus la logique qui commande la pensée de Froehlich est évidente. En effet, c'est justement *l'existence toujours plus précaire de l'orchestre* et de ses membres qui est à la base du conflit tragique qui fait que l'histoire *ne manque pas de piment.* En plus, la fin tant redoutée par Brocksieper constitue le *point de fuite dramatique* du récit dont l'absence a causé tant de nuits blanches à Mahler. Le sujet serait ainsi circonscrit, la période à traiter délimitée, la trame narrative définie avec un début et une fin, même si l'un ou l'autre de ses personnages – Mahler se corrige : de ses *amis* – devait en pâtir.

Cette constatation ne lui plaît pourtant pas, tant elle est en contradiction avec ses convictions antérieures où la dissolution de l'orchestre devait signifier la fin de son projet. Mais surtout, il a de plus en plus de mal à sacrifier ses personnages pour *donner du piment* à son histoire.

Comme à son habitude, Mahler est déchiré par cette contradiction, et ce va-et-vient angoissant se reflète si ouvertement vers l'extérieur que, sur le chemin bordant le Lietzensee, les passants l'évitent ostensiblement, et même s'il ne se retourne pas, il sait bien que les autres s'arrêtent dans son dos pour le suivre des yeux en secouant la tête. Il se révolte contre lui-même et contre sa situation, mais surtout il doute du sens de son projet qui lui semble monstrueux.

Le soir, dans sa chambre, Mahler est sur le point d'abandonner quand il reçoit un appel de Brocksieper à qui il fait immédiatement part de ses intentions. Il est étonné de ne pas obtenir la compréhension à laquelle il s'attendait.

Doucement, doucement, dit Brocksieper, que les velléités de Mahler prennent totalement au dépourvu. Mahler ne peut pas abandonner *comme ça*.

Ah bon ! glapit Mahler.

Pas en ce moment, insiste Brocksieper. Et lorsque Mahler veut savoir pourquoi, Brocksieper lâche le morceau. Il avait soigneusement préparé ses mots, il avait bien ordonné ses idées, mais maintenant qu'il voit justement ses idées – le terme *plan* serait peut-être exagéré – mises en danger, il perd tout contrôle. C'est un déluge de mots, de bribes de phrases décousues et de folles exclamations, et Mahler a besoin de mobiliser toute la force de son esprit pour reconstituer le sens de ces paroles qui peuvent se résumer ainsi : S'il tient à la survie de l'orchestre et au bien-être de ses membres, Mahler doit absolument continuer à travailler à son roman. Il peut énormément contribuer à leur protection, surtout à la protection de ceux qui sont le plus en danger, en donnant à ces derniers un rôle important dans son récit. Toute personne ayant un rôle clef dans un roman de propagande peut difficilement être exclu de la réalité que le roman est censé représenter…

Est censé *faire comprendre*, corrige Mahler.

Faire comprendre, si vous voulez, dit Brocksieper.

Dans ses grandes lignes, ajoute Mahler.

Dans ses grandes lignes, répète sur un ton impatient Brocksieper dont les pensées sont déjà ailleurs. Si *quelqu'un* – la Wehrmacht, la Gestapo ou même le ministère de la Propagande – s'en prend à eux, dit Brocksieper, Mahler pourrait (et devrait !) intervenir en leur faveur, parce que l'enrôlement de tel musicien ou la sanction de tel autre mettrait du même coup en danger tout ce qu'il est en train de faire.

Mahler promet de réfléchir à la question et tout en donnant sa parole à Brocksieper, il sait qu'il va s'y engager. Il se sent animé d'une énergie inconnue, maintenant qu'il n'a plus à se soucier des contrariétés qui le tracassaient et que tout son travail, son projet, le contenu de ses dernières années n'est pas perdu. Davantage encore : il est porté, emporté par l'idée que tout ce qu'il écrit a pour la première fois un sens, un véritable sens.

TROISIÈME PARTIE

« L'artiste, selon moi, est une monstruosité,
quelque chose hors nature, tous les malheurs dont
la Providence l'accable lui viennent de l'entêtement qu'il a
à nier cet axiome – il en souffre et en fait souffrir. »

Gustave Flaubert

Berlin, 1943

Voilà, l'intrigue est maintenant en place et chaque personnage a trouvé son rôle. Vient maintenant ce qui n'est généralement pas rapporté dans un récit, tout ce qui correspond à des trous de plusieurs semaines ou de plusieurs mois dans le canevas narratif, ce qui, même dans la mémoire des personnages, n'a d'autre existence qu'une impression brève et insignifiante et que l'auteur évacue habituellement d'une chiquenaude : le quotidien, la routine, la répétition laborieuse.

Dans le cas de Mahler, il s'agit aussi de l'étude minutieuse de ses sources, des entretiens avec Froehlich et les musiciens, de concerts, de lectures, de prises de notes. Chez Froehlich, le quotidien, c'est son programme qui ne varie jamais au fil des jours : les *Views on the News* (commentaires acerbes sur l'actualité), les *Matters of the Moment* (rapport général sur le front), les *Forces' Hours* (petits mots des prisonniers de guerre britanniques adressés à leurs proches, lecture des noms des nouveaux prisonniers et des morts), le *On the Spot* (nouvelles de certaines sections du front), le *Have-it-out Club* (discussion sur la situation générale et politique), la *Progress Parade* (nouvelles du monde, progrès de la science et des techniques d'armement, rapports sur des questions économiques), les *Jazz Cracks* (commentaires satiriques, assaisonnés de jazz). Ce quotidien est accompagné depuis le début de la guerre d'une éprouvante dépense d'énergie. Il travaille comme speaker à la radio et, depuis le 3 juillet 1942, il est même le commentateur en chef (avec un salaire mensuel de 1 200 reichsmarks, plus le bonus de Noël), ce qui a un impact de plus en plus fort sur ses nerfs, sa santé et sa condition physique, d'autant que, avec l'entrée en guerre contre l'Union soviétique, une victoire rapide contre l'Angleterre s'éloigne de plus en plus. Et son quotidien, c'est aussi ce va-et-vient non moins épuisant avec Margaret, les querelles quasi quotidiennes, cette dissension qui n'en finit pas – avec cette seule et minuscule différence qu'ils ont donné à cet état incertain un cadre plus solide et plus officiel puisqu'ils se sont remariés entretemps (le 11 février 1942) et que Margaret est retournée vivre dans la Kastanienallee.

Il ne se passe donc rien à proprement parler, le temps s'écoule et cela va bientôt faire deux ans et demi que Fritz Mahler est arrivé à Berlin. Et comme il n'a pas fait que se vautrer dans un répugnant apitoiement sur lui-même mais a aussi écrit quelques chapitres qu'il a même tapés à la machine, il finit par accéder à la demande d'abord sporadique, puis mensuelle, puis hebdomadaire et finalement presque quotidienne de Froehlich qui veut avoir un échantillon de son travail sous forme de quelques chapitres. S'il les trouve bons, il les fera suivre à Dietze, Winkelnkemper et, qui sait, *plus haut dans la hiérarchie*.

Et puis, le 28 juin, après s'être fait violence et avoir mis à profit les trois semaines de lecture et de réflexion arrachées à Froehlich, une rencontre est décidée. Ils se retrouvent un soir dans le restaurant préféré de Froehlich, le Funkeck.

C'est l'été, il fait une chaleur accablante, les rayons du soleil collent à la peau comme de minuscules sangsues. Le ciel n'est qu'une surface vide, un temps idéal pour une attaque aérienne, se dit Mahler en rentrant instinctivement la tête dans ses épaules. Il a mal dormi, depuis des jours il est pris de sueurs froides à l'idée de cette rencontre. Il ne veut même pas imaginer ce qui se passera si son texte est refusé. Il est tenaillé par une peur physique de l'échec et après une nuit blanche, cette sensation le brûle comme un fer rouge.

Lorsque Mahler arrive, Froehlich est déjà assis à la table du fond près de la fenêtre qui donne sur la Masurenallee. Il tourne le dos à l'entrée et Mahler ne le reconnaît pas tout de suite, il est obligé de demander au serveur qui le conduit jusqu'à la table. Froehlich se lève instantanément de sa chaise quand il aperçoit Mahler du coin de l'œil et l'accueille avec un petit bonjour. Oh, ça fait longtemps ! En plus avec ce ciel d'azur et tout le tralala, dit-il en faisant une petite courbette si parfaite que Mahler se sent obligé de prendre ça pour de l'ironie. Ou non ? Si Froehlich est de mauvaise humeur, en tout cas, il n'en laisse rien paraître. Il commande aussitôt deux whiskies, pour se réchauffer, comme il dit, et il se met à bavarder joyeusement.

Hélas, Mahler n'a pas le cœur à discuter. Il est distrait par le bruit des voitures qui passent devant la fenêtre, par la décoration intérieure d'un goût exécrable qui remonte au moins à la dernière décennie, mais surtout par la nuque rasée de près de Froehlich qu'il voit dans le miroir en face de lui. Mahler a du mal à fixer son attention sur un point précis et il est tellement bloqué qu'il doit se faire violence pour s'arracher le moindre mot.

Puis, à l'arrivée du plat principal, Froehlich se lance enfin. Bon ! dit-il avant de marquer une pause qui ne manque pas de faire son effet. Le manuscrit ! Oui, dit Mahler en serrant les dents, tant il est impatient de connaître la suite. Vous écrivez comme les choses vous viennent, dit Froehlich qui s'empresse d'ajouter qu'il fait pareil. Remarquable ! Longues phrases un peu alambiquées, recours à des mots désuets, tournures maniérées, on a l'impression de lire une rédaction, une très longue rédaction. J'aime bien, beaucoup même, splendide, Mahler, extraordinaire ! Vous êtes un finaud, vous n'y allez pas par quatre chemins, un vrai matamore.

Ma foi, répond Mahler avec un petit sourire, en plongeant le regard dans son verre. Il est maintenant bien éveillé et savoure ces compliments (à l'exception de la comparaison avec une rédaction) davantage que le mauvais whisky qu'on leur a servi.

Oui, vraiment très bien. Mais…

Mahler avale sa salive. Mais quoi ?

Le titre contient une erreur.

Une erreur ?

Il manque l'apostrophe du génitif : *Goebbels'*

C'est de l'anglais, pas de l'allemand.

Il faut une apostrophe en anglais comme en allemand.

Ah bon, dit simplement Mahler.

Et puis il y a aussi quelques erreurs au niveau de la narration.

Au niveau de la narration ?

D'accord pour les licences poétiques et toutes ces fariboles, mais certaines choses sont quand même *mal rendues.*

Par exemple ?

Par exemple, cette stupide représentation au ministère de la Propagande. Ou, pire encore, me présenter comme un mouton noir au lycée à Galway. Totalement faux.

Eh bien, je…

Et puis ce professeur.

Quel professeur ?

Ce Beatwell. Personne ne s'appelle comme ça.

Mahler se racle la gorge.

J'ai cherché un *nom évocateur* et…

Évocateur ! À d'autres ! Il faut changer ça, Mahler, il faut changer. Mr O' Shea ou Mr Scallon, *voilà* des noms qui pourraient convenir. Même chose pour les camarades de lycée. Prenez par exemple Burke, Doyle, Geoghegan, Higgins, Keller, McEvoy, Mullery, Nanrahan, Naugthon, O'Flaherty ou Silke.

On peut bien sûr en discuter, dit Mahler.

Discuter ! s'exclame Froehlich en prenant le manuscrit dans sa serviette. Et il y a encore cette histoire avec les crabes dans la baie de Galway. Une pure invention, jamais il ne lui a dit des choses pareilles. Et ce drôle de Lord Machin à Mayfair, il sort d'où ? Et Mahler a aussi complètement passé sous silence la présence de ses frères et sœurs et de ses parents au moment où il prend le train à la Victoria Station, lui Froehlich. Le contrôle des passeports à Douvres, qui se déroule à l'extérieur, c'est absurde, vu qu'il y a une salle de douane prévue à cet effet. Et ne jamais avoir mentionné qu'il était la voix anglaise de l'Allemagne nazie, le sauveur de l'Angleterre, encore plus connu là-bas que Goebbels et Hitler ! Et puisqu'on en était à ce genre d'erreur, que voulait dire cette phrase : *Courbé comme la virgule qu'il sera un jour dans l'histoire du monde* ? Un instant... c'est page 43 !

Mahler fait une grimace, comme s'il goûtait quelque chose d'amer. Il réfléchit, cherche une réponse mais ne parvient qu'à bégayer. Froehlich se penche sur le manuscrit jusqu'à presque toucher le papier avec le bout de son nez. Les regards qu'il jette en même temps vers Mahler n'annoncent rien de bon.

Les personnages ne sont pas forcément à prendre comme des individus réels, ce sont plutôt des *types*, balbutie Mahler en reculant un peu sa chaise.

Froehlich hausse un sourcil.

Des types ?

Des archétypes. Des caractères élémentaires.

Ça me fait bien rire, dit Froehlich, qui effectivement éclate de rire. Bon, on va mettre les points sur les *i*.

Ça fait maintenant plus de deux ans que Mahler s'est attelé à ce roman et il n'a pas encore dépassé le stade de son arrivée à Berlin. Ça ne peut pas continuer comme ça, du moins pas éternellement, il faut qu'il comprenne bien une chose. La guerre sera finie qu'il n'aura pas encore trouvé de fin à son roman (Froehlich part cette fois dans un rire hystérique). Donc : d'ici décembre, il veut avoir quelque chose de convenable, à commencer par le début, tout le début. Le ton y est, c'est déjà ça, mais il faut absolument que Mahler change d'*attitude*.

D'attitude ?

Oui, dit Froehlich, *it's better to be rightfully wrong than wrongfully right*. Compris ?

Mahler hoche la tête d'un air timide en cherchant une parade, mais Froehlich prend ça pour une forme d'approbation. Sur quoi, il fait signe au serveur et commande deux autres whiskies pour fêter l'événement ou simplement pour le plaisir.

Mahler se tait. Il a l'impression d'avoir été écorché vif. Son regard se porte vers la rue où lentement descend la nuit, et au moment où il se tourne de nouveau vers Froehlich, il voit effectivement le soleil décliner dans le miroir derrière lui. Et quand il se retourne pour vérifier si le même spectacle se passe aussi dans son dos, il lui semble tout à fait logique que la nuit descende effectivement sur eux deux.

Saßnitz sur l'île de Rügen, 1943

À chaque heure qui s'était écoulée depuis leur rencontre au Funkeck, Mahler avait imaginé de façon de plus en plus dramatique les conséquences d'un éventuel échec, et les exhortations de Froehlich à livrer le manuscrit au plus vite avaient peu à peu pris des allures d'avertissements, voire de menaces. Le soir même, il avait donc fait ses valises et s'était rendu tôt le lendemain matin à Stralsund et de là à Saßnitz.

Chez un ami de son père, dans sa maison de Winterthur, il avait aperçu un jour les *Falaises de craie à Rügen* de Caspar David Friedrich, et comme la vue édifiante de ce tableau avait alors eu un certain effet sur lui, Mahler, dont l'expérience en matière d'étendues d'eau se limitait à deux courtes excursions en bateau à vapeur sur le lac de Constance, s'était dit que l'immensité de la mer et les falaises lumineuses devraient avoir, en vrai, une incidence plus salutaire encore sur ses nerfs fragilisés que la reproduction de Winterthur.

Maintenant, trois semaines après son départ précipité de Berlin, il peut affirmer avec certitude que cette mer est loin d'arriver au niveau de ce que Friedrich en a fait : ce n'est qu'une imposante quantité d'eau à l'odeur nauséabonde qui borde vaguement une plage parce qu'elle n'a visiblement pas d'autre endroit où aller.

Bon, cela peut paraître quelque peu injuste, car si l'on écoutait les conversations dans la pension de Saßnitz où Mahler est descendu, on trouverait certainement quelqu'un qui serait du même avis. Et surtout, on ne peut pas attendre d'un habitant des Alpes autre chose que ce genre de jugement simplissime face à la magie tranquille de la mer. Pourtant ce reproche global à l'encontre de Mahler, cet outrage fait à ses impressions est un peu rapide, car il ne tient pas compte de sa situation : Mahler est totalement absorbé par ses réflexions, il pense et réfléchit non pas en ligne droite mais, un peu comme les cernes d'un tronc d'arbre, en cercles concentriques. Il se retrouve toujours au point de départ, c'est terrible, c'est effarant, il a l'impression qu'on lui rabote l'âme en permanence. Il ne cesse de se demander comment il pourrait réécrire son manuscrit, et vu qu'il n'a pas de réponse, il souhaite en finir au plus vite, en finir avec toutes ces pensées qui le tourmentent, en finir avec ce projet insensé de raconter l'histoire sans fin d'un orchestre de jazz.

Mahler a le sommeil agité et la phase de ses rêves se prolonge souvent de façon notoire. Une fois, il aperçoit quelqu'un debout à côté de son lit, un type costaud, carré comme un bouillon cube, avec de larges épaules, des traits taillés à la serpe et un long nez. L'homme ne ressemble pas à son père, et pourtant c'est bien lui ; il a le regard de quelqu'un à qui on aurait versé un verre de sirop tiède sur la tête. Le père lui demande de le suivre et Mahler obéit, pieds nus, simplement vêtu d'une chemise de nuit, il traverse des ruines dans la nuit ou de temps en temps brillent des lumières venues de fenêtres isolées. Le père le conduit à travers des contrées sombres et désertes, tout est froid, dur et sombre, comme si l'on avançait dans un tableau de Jérôme Bosch. Mahler ne comprend pas précisément ce que dit son père qui garde le visage tourné, il en saisit toutefois le sens. Il devine la conclusion qu'il doit en tirer et découvre soudain, comme un projet venu de très loin mais solidement ancré en lui, qu'il a l'intention de tuer ce père. Il n'a presque aucune chance d'y arriver, sa seule arme est sa plume et il ne peut guère infliger plus de quelques piqûres à ce personnage qui n'arrête pas de ricaner d'un air satisfait, de chalouper et de gambiller effrontément. Les deux hommes se livrent alors à un combat incroyablement long à la vie à la mort ; le père pousse des cris de douleur déchirants, le fils ne dit rien mais ses poumons sont en feu, son souffle est court et ses yeux sont incandescents. Lentement, trait après trait, lettre après lettre, mot après mot, l'histoire de la fin du père se tatoue sur son corps : son histoire mais aussi celle d'avant et celle encore d'avant et d'avant encore. Et ce n'est qu'une fois que sa peau sanguinolente est partout recouverte d'encre noire, de la tête aux pieds, que Mahler, croyant son père enfin mort, se détourne de lui. Il sait maintenant qu'il doit faire connaître partout cette histoire qui est la sienne, il doit la rendre publique, la mettre au grand jour, s'il veut être libre et à la hauteur de sa vie. Or voilà que le père se redresse, vivant comme au premier jour, il s'incline devant son fils et lui souffle à l'oreille quelque chose qui fait passer un frisson glacé tout le long de son dos : quitte à devoir vendre sa peau, autant la vendre cher et pas au premier venu.

Ce rêve effrayant peut paraître confus et insignifiant, et cette apparence n'est pas trompeuse : ce rêve est totalement fantaisiste et n'a rien d'absolu. La prise de conscience de Mahler a donc une base plus profonde, elle ne repose pas sur l'objet mais sur la façon dont il a été vu : un personnage en train de vivre quelque chose (lui-même) a été guidé par une instance supérieure et toute-puissante (lui-même également), si bien que l'instant de l'expérience et celui de la narration coïncident. Au moment où ont surgi pensée et vision, les conséquences de cette pensée se faisaient déjà sentir dans son corps et dans son âme ; imaginer et vivre ce qui était imaginé formaient deux processus parfaitement simultanés, l'instance qui inventait le rêve et celle qui le vivait avaient été identiques – avant de cesser de l'être. Une épiphanie narratologique s'est alors ouverte à lui, un court-circuit diégétique, une expérience limite de nature métaphysique. Le lendemain matin, Mahler note dans son carnet : dans le rêve règne une dualité inséparable du personnage et de l'instance narrative omnisciente, du narré et du narrateur qui ne font qu'un sans pourtant ne faire qu'un. Ainsi se révèle la façon dont le présent peut être raconté, c'est la quadrature du cercle, le dénouement du nœud gordien, l'*orthodoxification* finale de l'infini paradoxe.

Impossible désormais de retenir Mahler. Soudain tout s'assemble, l'orchestre de jazz, Froehlich, lui, Zurich,

New York, Galway, Londres, Berlin, Danzig, Potsdam et Saßnitz, tout se fond, s'associe, s'amalgame pour former une unité. Mahler est pris d'angoisse, tant il est assailli par les mots et les phrases, il attrape son carnet de notes sur la table de nuit et écrit cinq pages, puis, perdant patience, il se rue sur sa machine pour fixer ses idées qui affluent. La seule chose qui inquiète Mahler, c'est que ses doigts ne puissent pas aller aussi vite que ses pensées et finissent par se fatiguer.

Les jours passent, les semaines passent, Mahler travaille frénétiquement, totalement absorbé par son texte, perdu dans les pages qu'il noircit, perdu pour le monde qui l'entoure. Il ne sait bientôt plus s'il veille ou dort, s'il vit ou rêve. La patronne de l'hôtel, qui commence à s'inquiéter parce que son hôte ne vient plus prendre son petit déjeuner, ne tarde pas à être envahie par une autre peur et elle imagine le Suisse allongé dans son lit, raide mort. Elle se met alors à écouter à la porte de sa chambre et ce qu'elle perçoit chaque fois – car elle vient épier assez souvent – contredit toutes ses craintes : elle l'entend taper sur sa machine à écrire ou parler tout seul, et elle se dit qu'elle a affaire à un détraqué et peut-être pire encore.

La patronne fait les vérifications d'usage dans ce genre de situation, mais cela ne mène à rien. Tout est parfaitement en règle avec ce Mahler. Elle ne peut néanmoins s'empêcher de se demander si ce solitaire replié sur lui-même n'a pas une famille qui le réclame, une épouse qui s'inquiète pour lui, des amis qui voudraient lui changer les idées, et elle est donc soulagée lorsque arrive de Berlin un appel téléphonique : quelqu'un veut parler à l'*écrivain*. Elle file aussitôt au premier étage pour avertir Mahler qu'un appel l'attend à la réception, ajoutant, même si ce n'est pas la vérité, que c'est la troisième fois que la personne cherche à le joindre aujourd'hui.

Où diable êtes-vous donc ? demande Froehlich à l'autre bout du fil.

Mahler, joyeux et même surexcité, se contente de rire parce que Froehlich a l'air d'un tout petit insecte stridulant. Le commentateur en chef de *Germany Calling* attend une réponse, il attend quelque chose, un signe de curiosité, une question. Mais Mahler ne pose aucune question. Comme pour sortir Mahler de sa torpeur, Froehlich lui demande s'il a bu.

Vous êtes déjà ivre à cette heure ?

Mahler tente alors d'esquisser une réponse, mais Froehlich, qu'une telle réponse n'intéresse pas le moins du monde et qui veut simplement avoir toute son attention, lui coupe la parole et lui demande d'allumer la radio.

La radio ?

Oui.

Laquelle ?

Quoi laquelle ? N'importe laquelle.

Germany Calling ? Il n'est pas certain qu'on capte ici les ondes courtes...

Froehlich demande à Mahler s'il est bouché ou quoi. *N'importe laquelle*. Ajoutant qu'il a intérêt à rentrer dare-dare à Berlin.

À Berlin ?

Mais d'abord la radio !

Bon, la radio. Mahler raccroche, et pendant qu'il se demande s'il a déjà vu un tel appareil à l'hôtel et si la patronne pourrait le lui prêter, voilà que cette dernière, qui a visiblement suivi toute la conversation avec plus d'attention que Mahler lui-même, lui tend une radio qui n'est pas le vulgaire *Volksempfänger*, le petit récepteur traditionnel appelé aussi « gueuloir à Goebbels », mais un appareil cher et sophistiqué avec lequel c'est un jeu d'enfant de trouver l'émission de Froehlich. Entre les morceaux entraînants de Templin et de son groupe, les nouvelles sensationnelles n'arrêtent pas de défiler : l'invasion de l'Angleterre a commencé, apparemment il y a plus d'une semaine déjà ; après une *incursion audacieuse* sur les plages situées entre Douvres et Dungeness, la Wehrmacht a solidement pris pied sur les côtes sud du pays, et grâce au *soutien ininterrompu* de la Luftwaffe, la lutte acharnée pour les têtes de pont s'est transformée en un net avantage pour les troupes de débarquement. Entre-temps, la première ligne de défense des Anglais a été *fracassée*, Folkestone est tombé, Ashford a été *pris en un tournemain* par les parachutistes, la résistance dans les Downs, les zones de mouillage de la Manche, a été brisée grâce à l'impitoyable intervention des forces armées. L'ennemi est en train de reculer et les blindés, appuyés par l'aviation, poursuivent leur inéluctable avancée, ils ont encerclé Canterbury et se dirigent vers Rochester et Reigate pour mettre en place un solide cordon de défense et protéger les opérations au sud où des forces ont été massivement déployées dans les villes côtières de Hastings, Eastbourne, Brighton, Portsmouth et Southampton dont les postes de défense ont été pilonnés par des tirs d'artillerie navale et des attaques aériennes.

Mahler est abasourdi, il demande une carte et constate qu'un pivotement est en train de s'effectuer. Le levier est placé au sud-est de Londres, la charnière se situe aux alentours de Chatham ou de Gravesend, tandis qu'on s'apprête à contourner la capitale par l'ouest. On va sûrement forcer le passage sur la Tamise à Reading, et ce qui se passera ensuite est clair, même pour Mahler, en dépit de son peu d'expérience militaire : on se dirigera vers Oxford et de là on poussera vers l'est jusqu'au comté de Suffolk, et une fois la chose faite, il ne restera plus aux Anglais qu'à capituler.

Mais un instant ! Que fait donc la toute-puissante flotte britannique ? Où est la Home Fleet, qui a pourtant quitté depuis longtemps le port de Scapa Flow et a déjà dû s'orienter vers le sud pour détruire la flotte allemande et ses barges de convoiement, se demande Mahler qui pose en même temps la question mentalement à Wilhelm Froehlich, dont la réponse, comme s'il s'agissait de télépathie, grésille à travers l'éther quelques minutes plus tard : la flotte britannique revient de la mer du Nord où elle a été attirée par une manœuvre de diversion. Ce n'est que maintenant qu'elle fait route vers le sud – beaucoup trop tard donc – sous le feu incessant des bombardiers allemands qui décollent de façon ininterrompue des aérodromes norvégiens. Mais qui sait si cela sert encore à quelque chose ? (*Lord Haw-Haw* semble connaître la réponse : cela ne sert plus à rien.)

Mahler a besoin d'un peu de temps, il commande un schnaps pour se calmer, mais il n'y parvient pas, ni maintenant ni durant les heures et les jours qui vont suivre où il va rester paralysé devant ce poste de radio à écouter les commentaires de Froehlich (ne lui avait-il pas dit de rentrer dare-dare à Berlin ?) qui vont lui permettre de suivre sur une carte les mouvements de troupes, la coupure avec la Cornouaille, la prise de Bristol, la chute de Birmingham et de Cambridge, l'encerclement de Londres, la capitulation. Il ne changera pas de place tant qu'il n'aura pas appris la chute du cabinet britannique et il écoutera les commentaires empreints de joie perfide de Froehlich sur l'exécution de Churchill qui montera à l'échafaud pour y être pendu par un matin gris et brumeux.

FIN DU MANUSCRIT

Remarques finales de l'éditeur
Demian Lienhard

1.

Le 3 janvier 1946, par une journée grise et pluvieuse et par une température avoisinant zéro degré, William Joyce est tiré à 8 h 59 de sa cellule de la prison de Wandsworth à Londres par trois hommes qui l'escortent jusqu'à la potence où sera exécutée la sentence à laquelle il a été condamné, confirmée par la plus haute instance du pays, la Chambre des Lords : la peine de mort pour haute trahison. Neuf minutes plus tard, un message est affiché sur la porte d'entrée principale de la prison devant laquelle attendent déjà avec impatience près de trois cents curieux : William Joyce est mort[1].

---

1. À ce sujet et pour la suite, voir entre autres : J. W. Hall, *The Trial of William Joyce* (Londres 1946) ; J. A. Cole, *Lord Haw-Haw and William Joyce. The Full Story* (Londres 1964) ; N. Farndale, *Haw-Haw : The Tragedy of William and Margaret Joyce* (Londres 2005) ; C. Holmes, *Searching for Lord Haw-Haw : The Political Lives of William Joyce* (Abingdon 2016). D'importants dossiers concernant William Joyce se trouvent aux Archives nationales de Londres sous les cotes KV 2/245 et KV 2/250.

Dans son livre *Dämmerung über England* (*Crépuscule sur l'Angleterre*), paru en 1940, Joyce avait déjà anticipé les circonstances de l'exécution : dans les premières pages de l'ouvrage, il se qualifie de *daily perpetrator of High Treason*, ailleurs il est question d'une matinée froide et grise où le directeur d'une prison britannique accompagne le condamné dans son dernier et triste voyage. Les détails sont exacts, à la seule différence que Joyce ne s'est pas attribué le rôle du condamné à mort mais l'a donné à Winston Churchill.

L'exécution de William Joyce occupe aujourd'hui encore une place importante dans la mémoire collective des Britanniques. D'une part la mort de *Lord Haw-Haw* a définitivement fait taire cette voix qui, de l'avis de nombreux Britanniques, incarnait plus que toute autre celle de l'Allemagne nationale-socialiste, bien plus peut-être que celles de Hitler ou de Goebbels ; d'autre part, Joyce est le dernier condamné à mort pour haute trahison dans l'Empire et il est probablement le seul à n'avoir jamais obtenu la nationalité britannique, condition sine qua non pour l'accomplissement de cette sentence. En effet, Joyce a toujours été, jusqu'à sa naturalisation en Allemagne, citoyen américain. Mais il est sans doute vrai que, durant l'été 1939, à l'occasion de sa demande de passeport, il a prétendu être citoyen britannique. Dès ce moment, même s'il s'agissait d'une *false declaration*, il devait, selon le tribunal, faire preuve de loyauté envers la Couronne comme n'importe quel autre citoyen britannique.

Le fait que le jugement ait finalement abouti à la peine maximale est d'autant plus étonnant que tous les autres Britanniques qui ont travaillé pour la propagande allemande à l'étranger ont été condamnés à des peines très légères ou ont bénéficié de l'impunité. Et Margaret White, qui s'est rendue coupable des mêmes délits que son mari, n'a jamais été poursuivie, alors qu'elle était citoyenne britannique de naissance : après un bref séjour en prison, elle a été libérée. Elle est morte en 1972 à Londres, minée par l'alcool.

La fuite

Dès le début du mois de mars 1945, le ministère de la Propagande a transféré le département anglophone de ses stations européennes à Apen, une petite ville au nord-ouest de l'Allemagne. Pendant les quatre semaines que les Joyce ont passées là-bas, le front n'a cessé de se rapprocher. Le grondement sourd des obus et les attaques de l'aviation britannique à basse altitude laissent présager que ce n'est plus qu'une question de jours avant qu'Apen ne soit, elle aussi, prise par les Alliés.

Le 7 avril, un message urgent de Goebbels parvient à Apen : les Joyce ne doivent en aucun cas tomber entre les mains des Alliés. Il est prévu d'emmener le couple en Irlande en sous-marin. Une autre solution serait de fuir par voie terrestre vers la Suède via le Danemark. Compte tenu de la pénurie de carburant et de moyens de transport, la priorité est d'éloigner dans un premier temps les Joyce de la zone de danger immédiat. Une voiture les conduit à Brême, puis ils partent pour Hambourg où ils arrivent après neuf heures de train et où la Gestapo leur délivre de nouveaux papiers. La carte d'identité de Joyce, antidatée au

3 novembre 1944, est établie au nom de Wilhelm Hansen, né le 11 mars 1906 à Galway, domicilié à Hambourg.

Étonnamment, et bien que les chances de réussite d'une évasion s'amenuisent de jour en jour, la mise en œuvre des projets de fuite tire en longueur. Toute la deuxième moitié du mois d'avril s'écoule sans qu'aucune décision ne soit prise et les Joyce noient leur découragement dans l'alcool. Les journées à Hambourg sont dévastatrices : les attaques aériennes leur gâchent leur séjour à l'hôtel de luxe Die Vier Jahreszeiten, et les derniers bulletins d'information que doit rédiger William Joyce sont pour lui un vrai crève-cœur : le 24 avril, jour de son trente-neuvième anniversaire, il doit annoncer la mort de Mussolini ; le 30 avril, peu après avoir appris la mort de Hitler, il prononce son dernier discours, visiblement ivre ; il reconnaît la défaite de l'Allemagne : *Germany is not anymore a chief factor in Europe* et conclut par ces mots : *You may not hear from me again for a few months.*

Les jours suivants n'apportent pas non plus de bonnes nouvelles pour les Joyce. Le soir du 1er mai, après le suicide de Goebbels, ils ne croient plus à une possibilité de fuite. Mais à trois heures du matin, l'espoir soudain renaît : un SS se présente à l'hôtel et les emmène à Apendice au Danemark. Une fois là-bas, ils attendent encore pendant des semaines un véhicule qui les conduirait à Copenhague. Finalement le commandant SS local les informe que personne n'a eu vent d'un quelconque projet de les faire passer en Suède, ajoutant que, s'ils ne veulent pas être internés au Danemark, ils ont tout intérêt à retourner en Allemagne.

Comme l'avancée des troupes britanniques empêche tout mouvement vers le nord, les Joyce acceptent. On leur réserve en toute hâte deux places dans un convoi militaire. Pour ne pas éveiller de soupçons inutiles lors du passage de la frontière à Flensburg, on leur donne une fois de plus de nouvelles identités. William voyage sous l'uniforme d'un major d'infanterie allemand, tandis que Margaret se fait passer pour une journaliste auxiliaire.

Au début du mois de mai, Flensburg croule sous le nombre de réfugiés qui affluent des territoires allemands de l'est, de personnes déplacées venues des régions environnantes, d'unités de la Wehrmacht battant en retraite – et trouver un endroit où dormir est pratiquement impossible. Ce n'est que grâce à une rencontre de hasard – un officier SS que Joyce a connu à Berlin – qu'ils trouvent une chambre à l'Hôtel de la Gare.

Le 5 mai, la capitulation partielle de la Wehrmacht pour le nord-ouest de l'Allemagne, le Danemark et les Pays-Bas entre en vigueur. La nuit suivante, les Joyce doivent passer la nuit dans l'abri antiaérien, car leur chambre a été réquisitionnée pour loger des officiers britanniques de passage. Le lendemain, lorsqu'ils se présentent à la réception pour récupérer leur chambre, les Britanniques sont déjà partis. C'est le premier de toute une série d'événements qui aurait pu mettre un terme précipité à leur fuite.

Le 8 mai, jour de la capitulation sans condition, William Joyce imagine un jeu qu'il appelle *la roulette russe* : chaque fois qu'il rencontrera des soldats britanniques en présence de Margaret, il les saluera en anglais. Si on ne le reconnaît pas, il marquera un point.

Le 12 mai, une connaissance leur trouve une chambre chez l'habitant à Kupfermühle, un village à la frontière danoise. La maîtresse de maison parle anglais, ce qui finit par se savoir dans l'armée britannique d'occupation. Par curiosité et par ennui, les soldats y font de fréquentes visites. Margaret se voit offrir un exemplaire du *Daily Mirror* tandis que William improvise sur l'actualité un numéro de ses *Views on the News*, sans éveiller le moindre soupçon, engrangeant ainsi un nouveau point dans son jeu de roulette russe.

Mais le 28 mai, la balance penche dangereusement du côté opposé. C'est un lundi, les magasins sont ouverts pour quelques heures. Les Joyce vont faire leurs courses au village et chercher du bois de chauffage dans la forêt. La cheville de William, qu'il s'est foulée il y a déjà plusieurs mois dans le Berlin plongé dans l'obscurité, lui fait à nouveau mal ; il marche lentement et boitille. L'ambiance est tendue, et sans véritable raison ils commencent à se disputer. Finalement Margaret rentre toute seule à la maison. Quand William arrive, il s'excuse et essaie de convaincre Margaret d'aller faire une promenade, mais elle est de corvée de vaisselle. Impatient, il lui propose de se retrouver dans la forêt, puis il quitte la maison en claudiquant. Margaret se souvient très bien de ce moment, car c'est la dernière fois qu'elle le voit libre.

Au lieu de rejoindre directement l'endroit du rendez-vous, il se rend sur un coup de tête à Wasserleben où il gravit une petite colline. La vue sur la baie ne le laisse pas insensible et il se met à méditer, oubliant le temps qui passe. Entre-temps Margaret est arrivée au point de rencontre.

Joyce émerge bien trop tard des pensées qui l'occupent. Il se dépêche, mais il n'avance pas vite à cause de sa cheville. Pour la ménager, il décide de sortir de la forêt et d'emprunter la route.

En chemin, il aperçoit deux soldats anglais qui ramassent du bois sur le bord de la route. Les Britanniques ne s'intéressent pas à ce civil amaigri et il serait donc facile de passer devant eux sans problème. Mais pour une raison inconnue, Joyce leur adresse la parole en français. Le capitaine Alexander Adrian Lickorish du *Reconnaissance regiment* et le sous-lieutenant Geoffrey Howard Perry, son traducteur, le regardent, étonnés. *Here are a few more pieces*, dit Joyce aimablement en passant brusquement à l'anglais avant de continuer sa route. Cela met la puce à l'oreille à Lickorish, quelque chose dans cette voix lui semble familier. Lickorish et Perry rattrapent l'homme qui s'éloigne en claudiquant et l'étau brusquement se resserre. *You wouldn't happen to be William Joyce, would you ?* demande Perry.

Joyce dit qu'il s'appelle Wilhelm Hansen et il s'apprête à présenter ses papiers. Mais croyant que l'inconnu veut sortir une arme, Perry ne fait ni une ni deux et lui tire une balle dans la hanche. Lickorish fouille immédiatement le blessé pour voir s'il a une arme mais il ne trouve que deux cartes d'identité dans ses poches : l'une est au nom de Wilhelm Hansen, l'autre au nom de William Joyce. Le blessé est aussitôt emmené au poste de police et interrogé. Le soir même, Margaret est aussi arrêtée.

Et le plus invraisemblable dans cette histoire, c'est que le lieutenant et traducteur qui a tiré sur *Lord Haw-Haw* ne s'appelle pas du tout Geoffrey Perry. Derrière ce nom anodin se cache un certain Horst Pinschewer, un juif allemand né le 11 avril 1922 à Berlin. Il avait fui en Angleterre avant le début de la guerre et, dès son entrée dans l'armée – comme il était d'usage pour les soldats juifs voulant servir dans l'armée britannique –, il avait pris un nom qui ne le ferait pas repérer s'il était fait prisonnier par les

Allemands. Membre de la Deuxième Armée, il avait entre autres pris part à la libération du camp de concentration de Bergen-Belsen.

Et c'est ainsi que William Joyce, antisémite notoire ayant fui la Grande-Bretagne et ayant vécu en Allemagne sous un faux nom, fut arrêté par un juif né en Allemagne, qui lui aussi vivait sous un faux nom dans les forces armées britanniques.

Le jugement

Le procès de William Joyce débute le 17 septembre 1945 et ne dure que quelques semaines. Dès le 18 décembre, l'instance suprême, *the House of Lords*, confirme le verdict énoncé précédemment : mort par pendaison pour haute trahison. L'exécution est fixée au 3 janvier 1946.

Pendant les deux semaines qui suivent, Joyce a le temps de se préparer à sa mort prochaine. Il reçoit une dernière fois la visite de sa famille ; même Margaret, qui a été transférée dans une prison voisine, est autorisée à venir le voir. Le reste du temps, il écrit à ses amis, à sa famille et à ses compagnons de route.

Le 3 janvier 1946, Joyce se réveille de bonne heure. Après avoir reçu la sainte communion et avoir prié avec l'aumônier de la prison, il écrit une dernière lettre à Margaret, qu'il termine à 8 h 36. Puis il trouve encore du temps pour adresser quelques mots à son vieil ami Macnab, avant que, peu avant neuf heures, on frappe doucement à la porte de sa cellule et qu'entre le directeur de la prison suivi du bourreau Albert Pierrepoint et de son assistant Alexander Reilly.

Pierrepoint attache les mains de Joyce dans son dos juste avant l'ouverture de la porte donnant sur la salle où se trouve la potence. Les genoux de Joyce commencent à trembler quand il aperçoit les marques blanches sur le sol. Le bourreau lui met une cagoule blanche sur la tête en disant : *I think we'd better have this on, you know.* Ce sont les derniers mots qu'entend William Joyce. L'assistant Reilly a entre-temps attaché les jambes du condamné et il fait signe que tout est prêt. Pierrepoint tire alors sur le levier et une trappe s'ouvre dans le plancher.

2.

Et *Charlie and His Orchestra* ? En raison de la poursuite des attaques aériennes sur Berlin, le groupe de jazz est transféré à Stuttgart en septembre 1943. Seul Karl Schwedler – tout comme William Joyce – reste dans la capitale. Les messages de propagande à destination de l'étranger et notamment des pays anglo-saxons sont désormais rédigés dans des lieux toujours différents et on ne se soucie plus de la corrélation qui existait jusque-là entre l'écrit et la musique. Lutz Templin et ses collègues resteront à Stuttgart jusqu'à la fin de la guerre.

Durant les dix-huit mois suivants, le groupe trouve refuge dans les locaux de la radio de Stuttgart. La plupart des services de cette station ont été évacués à Francfort mais on garde à Stuttgart un studio d'enregistrement pour la musique de danse – du moins jusqu'à la destruction totale du bâtiment survenue le 25 juillet 1944. Au cours des derniers mois de la guerre, les programmes sont diffusés depuis des locaux provisoires situés à Bad Mergentheim.

La façon de procéder ne change guère entre Stuttgart et Berlin. La seule différence notoire, c'est que, les capacités de production à l'échelle du Reich ayant été réduites au minimum suite aux bombardements des usines de pressage et à la pénurie de main-d'œuvre et de matériel, le ministère de la Propagande a arrêté de façon définitive, en novembre 1943, la production des disques de *Charlie and his Orchestra*. Tous les morceaux qui ont été élaborés par la suite n'ont donc été conservés que grâce à des enregistrements occasionnels.

Au printemps 1945, les troupes alliées progressent toujours plus loin vers le sud de l'Allemagne. Le 5 avril, à vingt-trois heures, la station de radio de Stuttgart cesse d'émettre et le lendemain les installations de diffusion de Mühlacker sont détruites. Peu avant l'entrée des troupes françaises à Stuttgart, le 22 avril, tout part à vau-l'eau et *Charlie and his Orchestra* se retrouve livré à lui-même. Lutz Templin reste à Stuttgart, Primo Angeli et sa femme Henriette s'installent à Karlsbad en Tchécoslovaquie tandis que Brocksieper se retire dans une ferme près de Tübingen où il va rester jusqu'à la fin de la guerre.

Mais bientôt une partie de l'ancien orchestre se reconstitue autour de Brocksieper, Tip Tichelaar, Mario Balbo et Eugen Henkel. Même si la situation a changé, la musique de variété est toujours très demandée, d'autant plus que les groupes qui savent jouer un jazz de qualité de style américain sont rares pour les raisons que l'on sait. Dès l'automne 1945, Brocksieper et ses collègues commencent donc à jouer dans des clubs de soldats américains, où ils ne tardent pas à faire sensation : on constate non sans étonnement qu'ils n'ont rien à envier aux grandes formations d'outre-Atlantique. Après les concerts, les chasseurs d'autographes se bousculent et le magazine des soldats américains *Stars and Stripes* titre : *We got Goebbels' band.*

La plupart des membres de *Charlie and his Orchestra* reprennent rapidement pied dans l'Allemagne d'après-guerre, notamment dans le domaine de la musique ou du moins de la variété. Lutz Templin fonde un nouvel orchestre, il fait des tournées surtout dans le sud de l'Allemagne, passe sur les ondes, devient directeur d'un orchestre de musique de danse à la radio et finalement manager chez Polydor à Hambourg. Il meurt en 1973 à Warder, dans le Schleswig-Holstein.

Après la guerre, Primo Angeli joue également dans des clubs de soldats américains avant de travailler pendant un certain temps comme organiste à l'hôtel Frankfurter Hof. Il part ensuite à Munich où il est employé temporairement par la Bayerischer Rundfunk et il ouvre aussi une école d'orgue. Il décède en 2003.

Karl Schwedler travaille après 1945 comme croupier à Berlin, il va ensuite en Bavière puis à Düsseldorf en 1951, avant d'émigrer avec femme et enfants aux États-Unis en 1960. Il finit par rentrer en Allemagne où il s'installe à Feldafing au bord du lac de Starnberg au sud de Munich. Il meurt en 1970.

Fritz Brocksieper, qui s'est établi à Munich après la guerre, joue lui aussi pour des clubs de soldats américains avec le trompettiste Charly Tabor et le saxophoniste Eugen Henkel, avant d'ouvrir dans les années 1950 à Schwabing, le quartier branché de Munich, deux établissements où il accueille des musiciens de jazz aussi réputés que Dizzy

Gillespie, Oscar Peterson, Harry James et même Gene Krupa. Souffrant d'un ulcère à l'estomac, il s'effondre sur scène en janvier 1990 et décède dans les heures qui suivent.

Demian Lienhard, Londres et Berlin, été 2022

Postface de l'archiviste d'État Samuel Tribolet, docteur en philosophie

Les archives d'État du canton de Berne sont entrées en contact pour la première fois avec M. Lienhard au début de l'été 2019. Après un premier échange par mails, il nous a rendu visite pour en savoir plus sur sa famille qu'il qualifiait d'illustre.

Il n'y a rien d'inhabituel à ce que des particuliers nous contactent pour en savoir plus sur leurs origines. Malheureusement, il n'est pas rare que – comme ce fut le cas pour M. Lienhard – les visiteurs viennent dans l'espoir de trouver l'histoire de leurs ancêtres bien rangée dans les rayonnages, prête à être photocopiée. Le personnel des archives a alors la tâche ingrate de modérer ces attentes précipitées et d'informer le visiteur qu'une telle histoire doit d'abord être écrite par leurs soins sur la base d'une documentation qui demande du temps pour être réunie. Nombreux sont ceux qui se laissent décourager, confiant généreusement ce projet à la génération suivante.

M. Lienhard ne s'est pas laissé décourager, bien au contraire. Il semble même que la difficulté de l'entreprise l'ait piqué au vif. Dès le début, il s'est attelé à la tâche avec une ardeur qui n'aurait pu que susciter notre admiration, si cet élan ne s'était pas souvent transformé en une impertinence dépassant largement les limites du raisonnable. Il attendait énormément de nos collaborateurs – leur demandant souvent même l'impossible – et il se faisait remarquer en ne respectant pas le règlement intérieur pourtant affiché à de multiples endroits dans les locaux des archives. Plusieurs fois, il a même fallu le rappeler à l'ordre parce qu'il monologuait à voix haute dans la salle de lecture, tapait comme un forcené sur son clavier et manipulait les archives comme si elles lui appartenaient. Il faut dire que nos services qui relèvent du public ont souvent affaire à des individus pour le moins bizarres.

Plus tard, alors que le mal était déjà fait, j'ai appris de la part de M. Lienhard que ses premières visites chez nous coïncidaient avec une période où il se sentait empli d'une grande amertume. Son premier roman était paru au printemps de cette année-là et le succès avait été plus que mitigé. Il rejetait la faute, comme il me l'avoua plus tard, sur le *travail pitoyable* de son éditeur à qui il ne donnerait *plus jamais une seule page*. Mais il avait aussi été blessé car, à la même époque, *avaient paru d'autres romans* qu'il avait considérés comme autant *d'affronts personnels*. Il avait trouvé particulièrement vexant le fait que les livres qui avaient eu le plus de succès étaient ceux qui faisaient tous dans l'autobiographie : des *romans à l'eau de rose*, disait Lienhard, si je me souviens bien ou des *histoires de famille usées jusqu'à la corde*. Pile à chaque salon du livre, *on exhumait un grand-père qui avait été dans la*

Waffen-SS[1]. J'en ai déduit que son premier roman, que je n'avais pas encore eu l'occasion de lire, ne présentait aucun élément autobiographique.

Je pense qu'il a dû considérer ça comme la cause principale de son échec, d'où l'idée que la clef du succès en littérature était de procéder à un *grand déballage familial.* Si j'ai bien compris, c'était la seule et unique motivation de sa venue chez nous.

Au cours de ses recherches, Lienhard s'est découvert un arrière-grand-père bernois répondant au nom de Friedrich Lanz (1891-1944), et il n'a alors cessé de creuser cette piste. Le personnel était aux petits soins, lui procurant, chaque fois qu'il en avait le temps, tous les documents dont il avait besoin. C'est là qu'une erreur de l'un de nos collaborateurs a dû se produire. Nous n'en connaissons pas la cause exacte, mais il est facile d'en expliquer les conséquences. Lors de la recherche de sources concernant ce fameux arrière-grand-père de Lienhard, on lui a donné par erreur des documents qui se rapportaient de toute évidence à un homonyme. Parmi ces documents se trouvait le tapuscrit inachevé d'un roman intitulé *Le Jazz band de Goebbels*, que Lienhard a rendu accessible au public dans les pages qui précèdent.

Sur la base des notes biographiques qui accompagnaient le tapuscrit, on se rendait compte, sans l'ombre d'un doute, que l'auteur de ce texte ne pouvait en aucune façon être l'arrière-grand-père de Lienhard – ce Lanz était né en

1. Des recherches ultérieures de notre part ont montré que cette idée avait déjà été exprimée de manière très similaire par l'écrivaine Sibylle Berg et qu'il ne s'agit donc pas d'une opinion originale de la part de Lienhard.

1899, soit huit ans après l'aïeul de Lienhard. Malgré tout, Lienhard était persuadé du contraire et il n'a pas voulu en démordre. Obsédé par l'idée que ce texte était bien de son arrière-grand-père et qu'il lui appartenait donc de *droit*, il a entrepris de multiples démarches pour avoir la main sur le tapuscrit (comme le mail du 12.09.2019 de dlienhard@hotmail.com à stribolet@be.ch : *Donnez-moi ce foutu manuscrit* [sic !], *bande de bâtards, ou je fous le feu à la baraque !!*). Il a même entamé une procédure judiciaire à ce sujet.

Il a été débouté lors de l'audience du 12 juin 2021, en dépit – ou plutôt à cause – de falsification de preuves et condamné à une amende pour faux et usage de faux dans le procès qui a suivi. Plusieurs semaines passèrent jusqu'au moment où je décidai de reprendre contact avec M. Lienhard. Je n'arrivais pas à croire que quelqu'un ait pu, pour une raison qui me semblait totalement futile, mettre tout son avenir en danger et je pensais qu'il devait y avoir un moyen de régler ce litige à l'amiable. Je dois aussi avouer que j'éprouvais le besoin de comprendre les véritables raisons de cette obsession.

Nous nous sommes rencontrés dans un café à Berne où il m'a exposé les motivations, les réflexions et les convictions qui étaient les siennes et que j'ai déjà présentées au début de mon rapport, bien que sous une forme très abrégée (et surtout ordonnée). Finalement il m'a expliqué que *tout son avenir* dépendait de ce tapuscrit. J'ai certes considéré que c'était très largement exagéré, néanmoins je lui ai fait une offre que je considérais comme très bienveillante. Vu que nous pensions que le roman *Le Jazz band de Goebbels*, bien que sous forme de fragment, donnait un aperçu incomparable de la façon dont fonctionnait la machinerie de la propagande et qu'il pouvait donc être aussi d'un grand intérêt pour le public qui en aurait connaissance, nous étions prêts à l'autoriser à utiliser ce matériau, à le réorganiser si nécessaire et à le publier, à la condition qu'il nous soit possible, nous les archives de Berne, d'ajouter à sa postface quelques explications sur l'origine du tapuscrit et de son auteur. Nous nous sommes également interdit de faire de fausses déclarations attingentes à ce sujet sous forme imprimée.

L'auteur du tapuscrit, Friedrich Lanz, est sans aucun doute l'un des auteurs de langue allemande les plus méconnus de la première moitié du XXe siècle. Certes Lienhard a entre-temps pu découvrir de nombreux récits et essais publiés dans des revues plus ou moins obscures, mais il n'existe pas de bibliographie complète de cet auteur. Cela vient d'une part du fait que nous ne disposons que de très peu de renseignements et de sources sur sa vie et son œuvre mais aussi du fait que tous ses textes ont été publiés sous différents pseudonymes, ce qui rend encore plus difficile l'établissement d'une bibliographie complète.

Quant à savoir si son roman *Le Jazz band de Goebbels* aurait aussi dû paraître sous un pseudonyme, nous l'ignorons. Mais le jeu constant avec les noms propres à l'intérieur même du texte et l'insistance à souligner que Mahler n'était qu'un pseudonyme[1] laisse à penser que c'est une hypothèse à prendre en compte. Enfin le personnage de Fritz Mahler est lui-même conçu de telle manière que n'importe quel lecteur de l'époque était forcément tenté de voir en lui, partiellement du moins, l'auteur Friedrich

1. Cf. pp. 162 et 178, où il est question de son « véritable nom, de son patronyme ».

Lanz. Outre diverses caractéristiques extérieures communes (il est suisse, protestant), on retrouve de nombreuses références à la région de Berne dont l'auteur était originaire. Bien que vivant à Zurich, Mahler a manifestement des ancêtres bernois : la famille von Ried, ancienne lignée de ministérials au service des barons von Eschenbach, était originaire de la région de Thoune ; les Leemann étaient des bourgeois de Berne au XVIIe siècle, et les Nägeli, dont le représentant le plus illustre, Hans Franz, a conquis le canton de Vaud, appartenaient également à l'une des principales familles patriciennes bernoises comme la branche des May von Schadau.

Mais l'indice le plus important indiquant que Friedrich Lanz a manifestement tenu à ce qu'on le reconnût dans le personnage de Mahler se trouve dans le passage du Ciro Bar où a lieu l'échange un peu vif entre Mahler et le représentant de la Reichsmusikkammer, un certain monsieur Lang. Le lecteur est en effet prié de se boucher un instant les oreilles pour ne pas entendre le « véritable nom », le « patronyme » de Mahler, « dont la sonorité n'est d'ailleurs pas très éloignée de celle de son interlocuteur ». Et il est vrai qu'entre *Lang* et *Lanz* il n'y a qu'un pas.

Friedrich Lanz est né en 1899 à Rohrbach, dans le canton de Berne, où il a également fréquenté différentes écoles publiques. On n'en sait malheureusement guère plus à son sujet, car, après la fin de son service militaire qu'il a effectué à Langenthal en 1919, il n'apparaît plus sur les registres municipaux. Les dernières informations le concernant proviennent de deux grandes valises récupérées par une patrouille de gardes-frontières suisses en avril 1945, non loin de Schaffhouse, coincées dans les barbelés de la ligne de démarcation. Outre des objets personnels et des vêtements ainsi que le tapuscrit et des notes s'y rapportant, on y a découvert des papiers établis en Allemagne qui ont permis d'identifier sans le moindre doute le propriétaire desdites valises. Ces valises et leur contenu ont d'abord été confiés à la police cantonale de Schaffhouse. Mais comme Friedrich Lanz était originaire de Berne, le tapuscrit qui nous intéresse ici a été transféré, au bout de cinq ans, aux Archives fédérales de ce canton où il peut être consulté sous la cote N Lanz 2.1. On n'a jusqu'à présent retrouvé aucune trace de son auteur.

Berne, octobre 2022,
Ph. D. Samuel Tribolet

Note éditoriale

Nous avons suivi au plus près le texte du tapuscrit, et si nous nous sommes permis de corriger certaines inexactitudes et de supprimer quelques redondances, nous avons conservé pour l'essentiel le style quintessencié et contourné propre à ce récit.

Cet ouvrage a été composé par Nord Compo
pour le compte des Éditions J.-C. LATTÈS
17, rue Jacob – 75006 Paris
contact-lattes@jclattes.fr

Imprimé en France par
CPI BRODARD & TAUPIN (72200 La Flèche)
en décembre 2024

JC Lattès s'engage pour l'environnement en réduisant l'empreinte carbone de ses livres. Celle de cet exemplaire est de :
500 g éq. CO_2
Rendez-vous sur www.jclattes-durable.fr

PAPIER À BASE DE FIBRES CERTIFIÉES

N° d'édition : 01 – N° d'impression : 3059684
Dépôt légal : janvier 2025
Imprimé en France